POLYGLOTT

IRLAND

ON TOUR

W0094300

DIE AUTOREN

RASSO KNOLLER
CHRISTIAN NOWAK

gehören dem Journalistenbüro »Die Reisejournalisten« an
und haben zusammen bereits einige Irlandbücher geschrieben.
Rasso Knoller, seit über 20 Jahren Journalist und
Sachbuchautor, hat bisher knapp 100 Bücher veröffentlicht.
Von Christian Nowak, seit über 20 Jahren Journalist,
Fotograf und Buchautor, sind bisher über drei Dutzend
Bücher erschienen.

Unser E-Book-Code zur elektronischen Erweiterung des
POLYGLOTT on tour. Das kostenlose E-Book enthält die im
Reiseführer aufgeführten Adressen entlang der Touren,
beispielsweise zu Essen und Trinken, Shoppen, Aktivitäten
und Hotel-Tipps. Links auf einen externen Kartendienst
vereinfachen das Auffinden dieser Adressen.

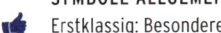

SYMBOLE ALLGEMEIN

 Erstklassig: Besondere Tipps der Autoren

 Seitenblick: Spannende Anekdoten zum Reiseziel

Top-Highlights und

Highlights der Destination

	TOUR-SYMBOLE		PREIS-SYMBOLE		
1	Die POLYGLOTT-Touren	€	Hotel DZ:	bis 90 € / bis 120 £	
6	Stationen einer Tour	€€		90–140 € / 120–180 £	
A1	Zwischenstopp Essen & Trinken	€€€		über 140 € / über 180 £	
	Die Koordinate verweist auf	€	Restaurant:	bis 12 € / bis 20 £	
a1	die Platzierung in der Faltkarte	€€		12–25 € / 20–40 £	
	Platzierung Rückseite Faltkarte	€€€		über 25 € / über 40 £	

TOP-12-HIGHLIGHTS

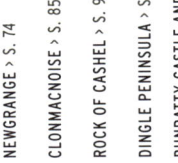

Cairnryan

Stranraer, Liverpool

North Channel

Schottland

Irish

Bangor
Carrick-
fergus
Belfast
12 **13**
Lisburn
Newcastle
11
Cushendun
Carn
Lough
Larne
Kilkeel
Antrim
Portrush
Bushmills
12
Giant's
Causeway
Coleraine
R. Bann
Ballymena
Lake
Weagh
Lurgan Portadown
Newry
Dundalk Bay
Drogheda
Moville
Cookstown
Dungannon
Armagh
Monaghan
Ballyhillin
**Derry
(Londonderry)**
Nordirland
Dundalk
Bunerana
Strabane
Omagh
Enniskillen
Kesh
Newry
Virginia
**Malin
Head**
14
Letterkenny
Ballybofey
Donegal
Sligo
Boyle
Frenchpark
Longford
IRLAND
Carnlea
Gortahok
Crolly
Maas
Glenties
Killybegs
Ballyshannon
Donegal Bay
Grange
Dromore
West
Sligo
11
Ballyhaunis
Claremorris
Kilkee
Teelin
Glencolumbkille
Ballina
Charlestown
Knock
Castlebar
Ballycastle
ATLANTISCHER
Bangor
Mulrany
Newport
Westport
Clew
Bay
Bewee Head
Mullet
Peninsula
Dooagh
Achill
Island
Louisburgh

O Z E A N

Der Norden S. 127

50 km

0

N

ZEICHENERKLÄRUNG DER KARTEN

- beschriebene Region (Seite=Kapitelanfang)
- **10** **E** **h** Sehenswürdigkeiten
- **4** Tourenvorschlag
- Autobahn
- Schnellstraße
- Hauptstraße
- sonstige Straßen
- Fußgängerzone
- Eisenbahn
- Staatsgrenze
- Landesgrenze
- Nationalparkgrenze

Holyhead

Fishguard, Pembroke

Roscoff, Cherbourg

Swansea

Roscoff

Sea

Celtic Sea

Dublin S. 54

Westirland S. 108

Südwestirland S. 87

Zentrum und Ostküste S. 67

Dublin
Limerick
Cork
Waterford

Galway
Sligo
Wicklow
Arklow
Enniscorthy
Gorey
Ferns
Rosslare
Rosslare Harbour
Kilmore Quay
Wexford
Duncannon
Tramore
Celbridge
Naas
Kilcullen
Glendalough
Carlow
Slaney
R. Barrow
New Ross
Port Laoise
Kildare
Kilkenny
Carrick-on-Suir
Dungarvan
Youghal
Clonmel
Cahir
Cashel
Thurles
Birr
Roscrea
Nenagh
Cloghan
Clonmacnoise
Tullamore
Ballinasloe
Clonfert
Portumna
Shannon
Gort
Whitegate
Killaloe
Adare
Tipperary
Clogheen
Tallow
Midleton
Mallow
Kinsale
Clonakilty
Bantry
Glengarriff
Kenmare
Killarney
Tralee
Castlemaine
Dingle
Sneem
Waterville
Adrigole
Ballydehob
Baltimore
Mizen Head
Castletownbere
Kilfenora
Kinvarra
Kilronan
Aran Islands
Doolin
Cliffs of Moher
Lahinch
Spiddal
Galway Bay
Ennis
Ballybunion
Tarbert
Listowel
Newmarket
Rathluirc
Kilkimlea
Marroom
Newport
Thomond
Lisdoonvarna
Tralee Bay
Dingle Bay

Limerick
Cork
Waterford
Dublin

Am Giant's Causeway
an der nordirischen Küste

TYPISCH

IRLAND IST EINE REISE WERT!

Wer das Outdoorleben mag, ist in Irland richtig. Wandern, segeln, surfen, Fahrrad fahren – dafür findet man auf der grünen Insel ideale Bedingungen. Und wenn's mal regnet? Macht nichts. Nicht umsonst ist die irische Pubkultur weltberühmt.

RASSO KNOLLER UND CHRISTIAN NOWAK

gehören dem Büro »Die Reisejournalisten« an. Rasso Knoller, Journalist und Sachbuchautor von knapp 100 Büchern, hat auch die folgende Einführung verfasst. Von Christian Nowak, Fotograf, Journalist und Buchautor, sind bisher über drei Dutzend Bücher erschienen.

Es hat lange gedauert, bis ich das erste Mal nach Irland gekommen bin. Da war ich schon in meinen Vierzigern. Eigentlich komisch, denn Irland war schon immer ganz oben auf meiner Liste der Länder, in die ich unbedingt mal reisen wollte. Als Jugendlicher hatten mich vor allem die irischen Fußballer begeistert. Nein, nicht weil sie so gut waren, sondern im Gegenteil: Obwohl sie meist verloren, haben sie immer gekämpft und waren immer fair. Und ihre Fans feierten auch nach Niederlagen … sich und ihre Stars.

In den Dubh Linn Gardens hinter Dublin Castle

»Was müssen das für coole Menschen sein«, habe ich damals gedacht, »wir Deutschen müssen gewinnen, um uns freuen zu können, die Iren freuen sich immer«.

Trotzdem war Irland damals eben gerade kein Land voller glücklicher Menschen. Noch Mitte der Siebzigerjahre tobte der Nordirlandkonflikt – Protestanten und Katholiken gingen aufeinander los. Damals war ich zarte 16, und meine erste Auslandsreise ohne elterliche Aufsicht sollte nach Irland gehen. Das Veto der Mutter, die ihren einzigen Sohn vermutlich schon von Bomben zerfetzt im Blut liegen sah,

Wandern in Nordirland ist eine Lust ...

verhinderte das. Stattdessen brach ich Richtung Schweden und Finnland auf. Die nordischen Staaten gefielen mir dann so gut, dass ich von da an immer wieder dorthin fuhr und schließlich auch viele Jahre dort lebte. Irland aber blieb auf der Liste der Länder, in die man »eigentlich mal fahren sollte.« Jahrzehnte später – es war immer noch die Zeit, in der man Postkarten schrieb – bekam ich einem Urlaubsgruß von einem Freund. Der verbrachte seinen Urlaub in Irland und schickte mir eine Postkarte, auf der man den Rundturm von Glendalough mit einem See im Hintergrund sah. Ich war begeistert. Da wollte ich hin.

Aber nochmals vergingen ein paar Jahre, bis mich das Supersparangebot eines irischen Billigfliegers geradezu zwang, nach Dublin zu fliegen. Die beeindruckende Stadt mit langer Geschichte – die Wikinger haben sie im 9. Jh. gegründet – gefiel mir gut. Als Literaturfan, der im Studium Shaw, Wilde, Yeats und O'Casey gelesen hatte und an James Joyces Ulysses gescheitert war, gab es für mich viel zu entdecken. Museen, Bibliotheken und auch die Kneipen, in denen die Schriftsteller damals getrunken und über das Leben philosophiert haben. Hier traf ich die Menschen, die wirklich so waren, wie ich sie mir in meiner Jugend vorgestellt hatte: gastfreundlich, hilfsbereit und gut gelaunt.

Diese Menschen haben mich neugierig gemacht auf ihr Land. Denn Dublin ist nicht Irland. Das habe ich bei meiner zweiten Reise nach Irland bemerkt. Begeistert haben mich die grünen Hügel mit den weißen Flecken – Schafe sind das. Die sind in natura ebenso schön wie in den Werbebroschüren des irischen Tourismusverbandes. Und der Rundturm von Glendalough mit dem See im Hintergrund war genauso beeindruckend wie auf der Postkarte meines Freundes. Oder die Cliffs of Moher an der

... und Schafe sieht man überall.

Westküste: Spektakulärer kann eine Steilküste nicht sein. Überhaupt das Meer. Zum Bad hinein wagen sich nur die härtesten, die Wassertemperaturen sind eisig – zumindest für mich, den bekennenden Warmduscher. Aber die Strände zählen mit zu den schönsten der Welt, ewig lang und mit wunderbar feinem Sand wie in der Südsee.

Und dann der Ring of Kerry. Nein, kein Schmuckstück, das man sich an den Finger steckt. Sondern eine Rundtour um die Halbinsel Iveragh, bei der hinter jeder Kurve ein neuer Fotostopp wartet. Die Strecke ist inzwischen recht überlaufen – Schönheit spricht sich eben rum. Doch Irland hat so viel davon, dass trotzdem jeder sein Plätzchen findet. Gleich nebenan liegen die Halbinseln Mizen, Beara und Dingle, die mit ihrer berühmten Schwester durchaus mithalten können.

Schließlich ist da noch der Norden. Der Teil des Landes, der lange von den bürgerkriegsähnlichen Wirren, die die Iren euphemistisch *The Troubles* nennen, erschüttert wurde. Inzwischen ist Ruhe eingekehrt. Die Murals, die Wandmalereien mit teilweise gewaltverherrlichenden Szenen, gibt es immer noch, doch sind sie inzwischen nicht nur politisches Statement, sondern auch touristische Sehenswürdigkeit. Noch sind aus den Feinden von einst nicht wirklich Freunde geworden. Es gibt nach wie vor Spannungen, die Zeit der Gewalt liegt aber weit zurück. Man hat gelernt, miteinander zu leben. Für Touristen heißt das, dass Nordirland problemlos bereist werden kann. Derry und Belfast sind sehenswerte Städte, die Natur mit den Basaltsäulen des Giant's Causeway und den Anrtrim Mountains ist grandios. Irland lädt Sie ein. Lassen Sie die Insel nicht zu lange auf Ihren Besuch warten!

WAS STECKT DAHINTER?

Die kleinen Geheimnisse sind oftmals die spannendsten. Hier werden die Geschichten hinter den Kulissen erzählt.

WAS BEDEUTEN DIE FARBEN AUF DER IRISCHEN FLAGGE?

Die irische Trikolore mit den Farben Grün, Orange und Weiß hat ihren Ursprung in der Bewegung des »Young Ireland« und der Revolution von 1848. Inspiriert wurde sie damals durch die französische Trikolore. Das Grün in der Flagge steht für die katholische, das Orange für die protestantische Bevölkerungsgruppe. Das Weiß symbolisiert den Frieden zwischen den beiden.

WARUM IST PLUM PUDDING NICHTS FÜR KINDER?

Plum Pudding heißt übersetzt Pflaumenpudding, doch enthält er weder Pflaumen noch ist er eine Süßspeise. Er entstand im 17. Jh. aus einem ursprünglich fleischhaltigen Gericht, bei dem das Fleisch durch getrocknete Pflaumen ersetzt wurde. »Pudding« bezeichnete damals lediglich die rundliche Kugelform einer Speise. Den Platz der Pflaumen nahmen später Rosinen und anderes Trockenobst ein, der Name aber blieb.

Heutiger Plum Pudding ähnelt einem festen Gewürzkuchen, der mit Alkohol, vorzugsweise Brandy, getränkt wird. Und weil Plum Pudding inzwischen ausschließlich an Weihnachten gegessen wird, nennt man ihn auch Christmas Pudding. Für Kinder ist er trotzdem nichts.

WER WAR FATHER PAT NOISE?

Auf der O'Connell Bridge in Dublin ist in der Brüstung in der Mitte eine kleine Plakette eingelassen, die an Father Pat Noise erinnert, der am 10. August 1919 ums Leben kam, als seine Kutsche in den Fluss stürzte. Nirgendwo in den Archiven der Stadt findet sich aber ein Hinweis auf einen Pat Noise, der, wie die Plakette behauptet, die irische Untergrundbewegung unterstützt haben soll. Gestiftet hatte die Plakette ein gewisser Hsti.

Irgendwann löste sich das Rätsel: Witzbolde hatten die Plakette angebracht, um gegen die Geldverschwendung der Stadt zu protestieren. Während der Boomzeiten in Irland hatte man nämlich so viel Geld (übrig), dass jeder drittrangigen Persönlichkeit ein Denkmal gesetzt wurde.

Nachdem sie von der Pat-Noise-Plakette erfahren hatte, wollte die Stadtverwaltung die kleine Gedenktafel entfernen lassen, was jedoch heftige Proteste hervorrief. Inzwischen hatte sich nämlich schon ein regelrechter Kult um den mysteriösen Father entwickelt. Fast jeder Dubliner kannte bereits Pat Noise, obwohl er nie gelebt hat. Die Stadt gab schließlich nach und ließ die Plakette an Ort und Stelle. Und der Spendername? Hsti ist nicht anderes als ein Anagramm von Shit.

50 DINGE, DIE SIE ...

Hier wird entdeckt, probiert, gestaunt, Urlaubserinnerungen werden gesammelt und Fettnäpfe clever umgangen. Diese Tipps machen Lust auf mehr und lassen Sie die ganz typischen Seiten erleben. Viel Spaß dabei!

... ERLEBEN SOLLTEN

1 Die weltbeste Kneipe The Harbour Bar 📖 G6 am Hafen von Bray wurde vom Lonely Planet 2010 zur »Best Bar in the World« gewählt. Trinken Sie Ihr Guinness dort, wo schon James Joyce Stammgast war und sich auch Musiker und Schauspieler wie Bono, Sinead O'Connor oder Liam Neeson wohlgefühlt haben (1–4 Dock Terrace, www.theharbourbar.ie).

2 Gemeinsam wandern Typisch für Irland sind die Walking Festivals überall im Land, bei denen Hunderte, manchmal Tausende Menschen wandern. Wer teilnimmt, etwa am Wicklow Walking Festival im Oktober, kommt schnell in Kontakt mit den Einheimischen (Infos und Termine: www.walkinghikingireland.com).

3 Im Russborough House den Weg finden Das Labyrinth im Park des prächtigen Landhauses › S. 76 ist eine echte Herausforderung. Packen Sie sie an.

4 Geschichtenerzähler »Storytelling« spielt in Irland eine ganz wichtige Rolle. Man sitzt zusammen in der Kneipe oder am offenen Kamin und klönt. Aber man kann sich einen Geschichtenerzähler auch mieten – auch als Tourist. Wie? Auf dieser Seite erfahren Sie es: www.storytellersofireland.org.

5 Ausdauer testen Nicht für jedermann, aber für die Sportlichen: die Wanderung auf dem Kerry Way, dem mit 214 km längsten Wanderweg der Insel. Packen Sie Ihren Rucksack und wandern Sie in acht Tagen rund um die Iveragh Peninsula 📖 A/B9 (www.kerryway.com).

6 Spaziergang am Strand von Garrylucas Der traumhafte Sand- und Dünenstrand in der Nähe der R 604 grenzt an The Old Head of Kinsale › S. 100. Abgehärtete Typen können hier im Südwesten der Insel auch schwimmen – in der Hochsaison passen Rettungsschwimmer auf.

7 Traditionelle Musik Beim Musical Pub Crawl in Dublin erfährt man viel Interessantes über die Geschichte der irischen Musik und die traditionellen Instrumente – und natürlich wird live gespielt (www.discoverdublin.ie/musical-pub-crawl).

8 Beim St. Patrick's Day mitfeiern Der 17. März ist der Nationalfeiertag der Iren, den sie eher als eine Art Karneval denn als besinn-

Auf dem North Antrim Cliff Path

liches In-Sich-Gehen feiern. Überall im Land finden Paraden statt, die beste Partystimmung aber herrscht in der Hauptstadt Dublin F5/6.

9 **Einmal herum um die Halbinsel Howth** Der kleine Ort Howth › S. 66 nahe Dublin ist der perfekte Ausgangspunkt für eine Küstenwanderung mit spektakulären Ausblicken von der Steilküste. Spazieren Sie vorher noch ein wenig am Hafenbecken entlang, vielleicht entdecken Sie einen der Seehunde, die sich hier gerne tummeln.

10 **Im Pub mitsingen** Die Iren sind ein musikalisches Volk. Fast in jedem Pub wird gesungen und gefiedelt. Singen Sie ruhig mit, dann gehören Sie schnell dazu. Ein Klassiker ist The Oliver Plunkett d2 in Cork (116 Oliver Plunkett Street, www.theoliver plunkett.com).

11 **North Antrim Cliff Path** Bei Dunseverick Castle F1 beginnt dieser ca. zweisündige Klippenweg mit spektakulären Ausblicken auf die irische Nordküste. Der Höhepunkt wartet am Ziel, wenn man an den Basaltsäulen des Giant's Causeway ankommt (www.walkni.com, dann auf »walks« klicken und im Suchfeld »Dunseverick« eingeben).

12 **Auf rockige Spurensuchen gehen** Der Van Morrison Trail führt auf 3,5 km durch die Viertel im Osten Belfasts G3, wo der Rocksänger aufwuchs (www.communitygreenway. co.uk/vanmorrisontrail).

Irish Stew mit heimischem Lammfleisch

... PROBIEREN SOLLTEN

13 **Guinness** Das dunkle Bier gilt schon fast als Synonym für Irland. Es wird in fast jedem Pub ausgeschenkt, aber am besten lernt man es natürlich an seinem Herstellungsort kennen. Das Guinness Storehouse › S. 62 in Dublin ist deswegen für jeden Bierfan ein Muss.

14 **Irisches Frühstück** Kalorienfreaks sollten in Irland unbedingt frühstücken gehen – mit Cornflakes oder Porridge, gebratenen Tomaten, Bohnen und Eiern, Speck und Schweinewürstchen. In Dublin ist z. B. das Elephant & Castle › S. 65 in Temple Bar eine gute Adresse.

15 **Irish Whiskey** Auch wenn nur wenige Destillen überlebt haben, in Irland hat Whiskey eine uralte Tradition. Folgen Sie seinen Spuren auf dem Ireland Whiskey Trail (www.ire landwhiskeytrail.com) und gehen Sie in der weltweit ältesten Whikeybrennerei auf Fabriktour mit Verkostung bei Bushmills in Nordirland › S. 139.

16 **Lammfleisch** Frische Luft und fettes Gras sorgen dafür, dass irisches Lamm besonders zart ist. Gute Lammgerichte bieten viele Lokale; eine große Auswahl hat Gleeson's Restaurant 🏳 D5 (www.gleesons townhouse.com) in der Stadt Roscommon. Jedes Jahr im Mai findet zudem das kulinarische Roscommon Lamb Festival statt.

17 **Die irische Art von Kaffee** Die Iren lieben ihren Whiskey. Da ist es nur logisch, dass auch irgendwann ein Barmann auf die Idee kam, Whiskey in den Kaffee zu kippen. Ausgezeichneten Irish Coffee serviert die Old Jameson Distillery › S. 62 in Dublin.

18 **Irische Pfannkuchen** Boxties sind traditionelle irische Kartoffelpfannkuchen, die man mit unterschiedlichen Füllungen bekommt. Besonders leckere gibt's in Gallagher's Boxty House 🏳 d2 in Dublin (20 Temple Bar, www.boxtyhouse.ie).

19 **Räucherwaren** Geräuchertes ist typisch irisch. Sowohl Räucherfisch als auch eine Vielfalt an geräuchertem Fleisch bekommt man auf den Wochenmärkten.

20 **Irischen Käse** Die meisten irischen Käsesorten kennt man hierzulande nicht, doch lohnen würzige Leckereien wie Durrus, Cashel Blue,

Coolea, St.Tola, Gubbeen und insbesondere der Coolkeeran einen Versuch. Für ihre große Auswahl bekannt sind Sheridans Cheesemongers  d3 (South Anne Street 11, Dublin, weitere Filialen in Galway, Meath und Waterford, www.sheridanscheesemongers.com).

21 **Fangfrischen Fisch** Irlands Insellage schafft beste Voraussetzungen für hervorragenden Fisch. Besonders irischer Lachs hat sich international einen Namen gemacht. Immer frisch ist der Fang auf dem Smithfields Fish Market  c2 in der St. Michan's Street in Dublin.

22 **Irish Mist** Nach einem 1000 Jahre alten Rezept gebraut, gehört Irish Mist zu den bekanntesten Kräuterlikören der Welt. Grundlage ist – klar – alter irischer Whiskey. Greifen Sie zu im Celtic Whiskey

Shop  d3 in Dublin (27–28 Dawson Street, www.celticwhiskeyshop.com).

... BESTAUNEN SOLLTEN

23 **Glasnevin Cemetery** Auf diesem Dubliner Friedhof  F5/6 liegen viele berühmte Iren begraben, und mit seinen spektakulären Grabkreuzen ist er auch einfach ein schöner Ort für einen Spaziergang. Das dazugehörige erste Friedhofsmuseum der Welt ist das Tüpfelchen auf dem i. (Finglas Road, www.glasnevintrust.ie).

24 **Überkochende Stimmung und Hochspannung** Hurling und Gaelic Football sind die wirklichen Volkssportarten in Irland. Seien Sie als Zuschauer bei einem Spiel dabei, am besten im riesigen Croke Park Stadium in der Hauptstadt Dublin

Erstklassigen Fisch bekommt man auch auf dem St. George's Market in Belfast

> S. 31. Aber Achtung: Spitzenspiele sind schnell ausverkauft.

25 **Stillleben mit Mandoline** Nicht nur die Werke der großen irischen Maler werden in der National Gallery Dublin › S. 60 ausgestellt. Sehen Sie sich im 1. Stock Picassos »Stillleben mit Mandoline« an, eine wunderbare Komposition des Instruments zusammen mit einem Fruchtkorb und einer Flasche.

26 **Sonne am Wasserreservoir** Das Blessington Street Basin 📘 F5/6 in Dublin – früher ein Trinkwasserreservoir – ist heute ein ruhiges Naherholungsgebiet. Setzen Sie sich auf eine der Bänke entlang der Parkmauer und genießen Sie die Nachmittagssonne.

27 **Das moderne Dublin** Die moderne Architektur um den Grand Canal Square 📘 F5/6 und seine Gestaltung mit den roten Stangen und grünen Steinbänken sind spektakulär. Drehen Sie sich einmal langsam um 360 Grad und lassen Sie den Gesamteindruck auf sich wirken.

28 **Irland, wie es früher war** Im Museumsdorf Cnoc Suain 📘 C6 nahe Galway begibt man sich auf eine Zeitreise zurück ins 17. Jh. und erlebt die gälische Kultur, wie sie einmal war (Spiddal, Connemara, Tel. 091/555 703, www.cnocsuain.com).

Der Grand Canal Square in Dublins Docklands

29 **Moyne Abbey** Von den vielen Abteiruinen Irlands ist die des ehemaligen Franziskanerklosters von Moyne  C4 besonders schön. Leicht zu finden ist sie allerdings nicht: Achten Sie auf das Schild Richtung »Moyne Friary« an der winzigen Straße zwischen Killala und Ballina im County Mayo.

30 **Ardboe Cross** Schauen Sie sich Irlands schönstes Hochkreuz › S. 138 genauer an. Die Ostseite zeigt Szenen aus dem Alten Testament wie das Opfer von Isaac und Daniel in der Löwengrube, die Westseite Szenen aus dem Neuen Testament, etwa die Umwandlung von Wasser zu Wein auf der Hochzeit zu Kana.

... MIT NACH HAUSE NEHMEN SOLLTEN

31 **Keltischen Schmuck** Kunstvolle figürliche Darstellungen und Ornamente zieren Schmuck aus Irland. Jedes Motiv hat seine Symbolik, der Claddagh-Ring etwa zeigt zwei Hände, die ein Herz mit einer Krone umfassen – Zeichen der Liebe, Treue und Freundschaft. Fündig werden Sie u. a. bei Dickson & Dickson (55 Lower O'Connell St., Dublin, www.allcelticjewellery.com).

32 **Irische Mode** Auf der Insel leben viele begabte Designer. Mode von Caroline Kilkenny, Aideen Bodkin, Fee G und anderen finden Sie etwa in Dublins Traditionskaufhaus Arnotts ▌ d1 (12 Henry Street, tgl. geöffnet, www.arnotts.ie).

33 **Einen handgefertigten Spaten** Nur wenige Kilometer nördlich von Belfast liegt Patterson's Spade Mill ▌ G2. Hier kann man zusehen, wie Spaten per Hand hergestellt werden, und das Gartengerät auch gleich kaufen (www.nationaltrust.org.uk/pattersons-spade-mill).

34 **Aranpullover** Die Pullover von den Aran Islands sind besonders warm und wetterbeständig. Am besten kauft man sie vor Ort beim Aran Sweater Market ▌ B6 in Inis Mór (www.aransweatermarket.com).

35 **Decken aus Lammwolle im Karomuster** Wenn der frische irische Wind pfeift, hüllt man sich am besten in »Lammiges« ein. Wer es be-

Tweed-Weberei in Donegal

sonders irisch will, achte beim Kauf darauf, eine Decke mit Karomuster zu erwischen, z. B. bei Blarney Woolen Mills 🔖 C9 im gleichnamigen Ort (www.blarney.com).

36 Irische Musikinstrumente Fast jeder Souvenirshop verkauft Tin Whistles und Bodhráns. Doch Achtung: Die billigen Instrumente sind meist »Made in China«. Spitzenprodukte liefert Malachy Kearns Roundstone Musical Instruments aus Galway (www.bodhran.com).

37 Kleidung aus Tweed Etwas konservativ, aber langlebig und typisch irisch ist die Kleidung aus dem grob gewebten Wollgarn. Bekannt ist Tweed aus Donegal, erhältlich u. a. bei Magee of Donegal 🔖 D3 (The Diamond, Donegal Town, Tel. 074/ 972 2660, www.magee1866.com).

38 Erinnerung an den Pub Nicht immer muss ein Mitbringsel etwas kosten. Nehmen Sie einfach Nordirlands schönste Kneipe mit nach Hause – mit einem Selfie im Crown Liquor Saloon › S. 135 in Belfast.

39 Algen aus Sligo Im Voya Seaweed Bath in Strandhill kann man nicht nur in Algen baden, sondern diese auch getrocknet für die eigene Badewanne mit nach Hause nehmen. Eine originelle Art, seine Urlaubserinnerungen aufzufrischen (www.voyaseaweedbaths.com).

... BLEIBEN LASSEN SOLLTEN

40 Iren als Briten bezeichnen Die Iren sind ein stolzes Volk und haben sich ihre Unabhängigkeit von Großbritannien unter großen Opfern erkämpft. Wer sie als Briten bezeichnet, beleidigt sie zutiefst.

41 **Zu spät in den Pub gehen** In Irland schließen die Pubs um halb zwölf Uhr nachts, am Sonntag sogar schon um elf. Nur an Freitagen und Samstagen darf bis um halb eins gefeiert werden.

42 **Irland kritisieren** Iren schimpfen über so ziemlich alles in ihrem Heimatland – wenn das aber Ausländer auch tun, sind sie davon gar nicht begeistert.

43 **Einen Drink ablehnen** Wer die Einladung auf ein (alkoholisches) Getränk nicht annimmt, sollte handfeste medizinische Gründe dafür haben. Ansonsten ist das ein absolutes »No Go«.

44 **»Vergessen«, seine Runde zu bezahlen** Wenn Iren zusammen in den Pub gehen, zahlt immer einer abwechselnd für alle die Runde. Sie sollten also keinesfalls nur sich selbst ein Bier bestellen, ohne die anderen einzuladen.

45 **Nicht grüßen** Auf dem Land wird man auch von Fremden freundlich gegrüßt. Das ist zwar keine Aufforderung zu einem Gespräch, ein freundliches »hello« oder »nice day« ist aber ein Muss.

46 **Sich mit lockeren Moralvorstellungen brüsten** Irland ist ein konservatives Land. Rein rechtlich hat sich in den vergangenen Jahren zwar einiges getan – seit 2015 sind gleichgeschlechtliche Ehen erlaubt, und 2018 wurden Abtreibungen bis zur zwölften Schwangerschaftswoche legalisiert – trotzdem stoßen Gäste, die ihre vermeintlich liberale Lebenseinstellung zu demonstrativ zur Schau stellen, vielerorts auf Unverständnis.

47 **Nordiren fragen, ob noch Bürgerkrieg herrscht** Noch sind nicht alle Konflikte in Nordirland beigelegt, doch die Zeit der gewalttätigen Auseinandersetzungen liegt schon lange zurück. Wer nachfragt, ob noch immer Bomben gelegt werden, outet sich nicht nur als unwissend, sondern beleidigt auch die Friedensanstrengungen der Iren.

48 **Im protestantischen Teil Nordirlands für die Republik Irland Sympathie zeigen** Wer in einer unionistischen Kneipe in Belfast mit der irischen Trikolore am Revers sein Bier trinken will, provoziert unnötig Konflikte.

49 **Trikots von Celtic oder Glasgow Rangers tragen** Für uns sind es einfach zwei schottische Fußballvereine. Für die Iren in Nord wie Süd ist Rangers aber vor allem ein protestantisches und Celtic ein katholisches Team. Seien Sie also vorsichtig: Sport ist hier auch Politik.

50 **Whiskey mit Eis** Wer in Irland Whiskey *on the rocks* bestellt, outet sich als Banause. Er sollte bei Zimmertemperatur getrunken werden, denn Eiswürfel töten die Aromen.

Oberhalb des Silent Valley in den Mourne Mountains im Südosten von Nordirland

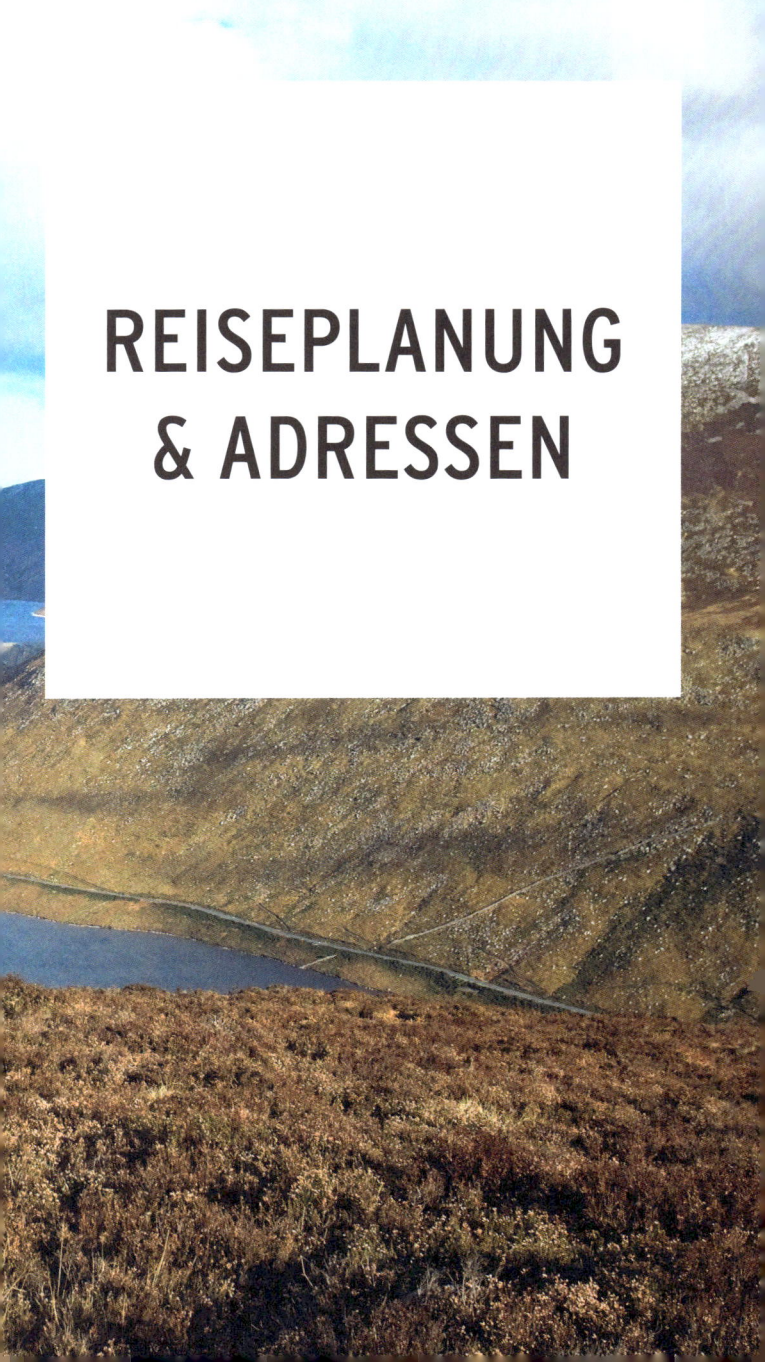

REISEPLANUNG
& ADRESSEN

DIE REISEREGION IM ÜBERBLICK

Irland und Dublin, das ist nicht dasselbe. Zwar kann es die Hauptstadt nicht mit Metropolen wie Rom, London oder Paris aufnehmen, aber der Kontrast zum ländlichen, beschaulichen Irland könnte kaum größer sein.

Der steile Fußweg hinunter zum Dunquin Harbour nahe Slea Head auf der Dingle-Halbinsel

Dublin ist das unbestrittene Finanz-, Verwaltungs- und Medienzentrum Irlands. Ehrgeizige Bauvorhaben haben der Stadt in den letzten Jahren ein neues Gesicht gegeben. Mit gut 550 000 Einwohnern ist sie eine relativ kleine Hauptstadt, jedoch reich an Sehenswürdigkeiten. Die immer noch beschwingte Atmosphäre der Stadt lässt sich am besten bei einem Bummel durch die legendären Pubs erfahren.

Jenseits der Hauptstadt wird die Besiedlung rasch dünner. Das **Zentrum** der Insel wird mit seinen sattgrünen Wiesen und Hügeln dem Beinamen »Grüne Insel« vollauf gerecht. Imposante Bauwerke wie der Grabhügel von Newgrange oder die Ruinen der Klöster von Clonmacnoise und Glendalough erzählen von der langen Geschichte des Landes. An der **Ostküste** ziehen die Strände zwischen Dublin und Rosslare und die Wicklow Mountains die Besucher an.

Im **Südwesten** zählen die Grafschaften Cork und Kerry zu den meistbesuchten Zielen Irlands. Wie die Finger einer Hand ragen die Halbinseln Dingle, Iveragh, Beara und Sheep's Head weit in den Atlantik. Zum Teil winzige, kurvenreiche Straßen umrunden diese Halbinseln mit ihren wildromantischen Küsten.

Die schroffe Felsküste von **Westirland** erreicht an den mehr als 200 m hohen Cliffs of Moher ihren Höhepunkt. Bei der Durchquerung des kahlen Burren-Nationalparks wird klar, warum im 19. Jh. so viele Iren während der großen Hungersnot ihre Heimat verlassen mussten. Wer sich für die alten gälischen Traditionen interessiert und in einem Pub der irischen Sprache lauschen möchte, fährt in die Grafschaft Galway, das größte sogenannte *Gaeltacht*-Gebiet Irlands.

Der **Norden** der irischen Insel wurde früher von der Provinz Ulster gebildet, heute gehört der westliche Teil zur Republik Irland, der größere Ostteil zu Nordirland und damit zu Großbritannien. Nordirlands Hauptstadt Belfast beginnt wieder, ihre schönen Seiten herauszuputzen und zeigt doch immer noch Spuren der jüngeren Vergangenheit. Das größte Naturwunder des Nordens ist der Giant's Causeway an der Küste, eine 60 Mio. Jahre alte Ansammlung von Zehntausenden von Basaltsäulen.

KLIMA & REISEZEIT

Irland wird von gemäßigtem atlantischem Klima unter Einfluss des Golfstroms beherrscht.

In den kältesten Monaten Januar und Februar erreichen die Temperaturen tagsüber 5–8 °C, im Juli und August um 16 °C; der Jahresdurchschnitt liegt um 10 °C. Der Südosten weist die meisten Sonnentage, der Südwesten die mildesten Winter und der Nordosten die meisten Frosttage auf. Die geringsten Niederschläge gehen im Osten, die meisten über dem bergigen Südwesten nieder. Zu allen Jahreszeiten ist mit raschem Wetterwechsel zu rechnen.

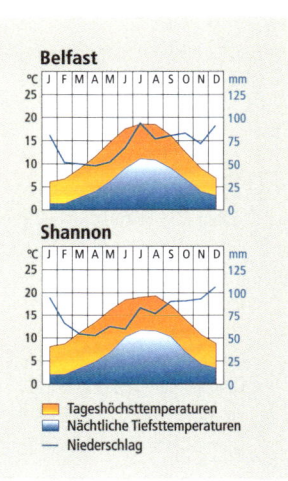

Die beliebteste Reisezeit reicht von Mai bis Anfang Oktober, wobei im Mai und Juni am ehesten die Sonne scheint und mancher (aber keineswegs jeder!) Sommer der letzten Jahre ungewohnt hohe Temperaturen von bis zu 30 °C brachte.

An gesetzlichen **Feiertagen** › S. 152 sind die Straßen sehr voll; Schüler haben im **Juli** und **August** Sommerferien.

ANREISE

Fluggesellschaften und Reedereien mit direkten Links listet die Website von Tourism Ireland, www.ireland.com/de-de, auf.

MIT DEM FLUGZEUG

Dublin wird von fast allen europäischen Fluggesellschaften und von vielen Städten aus bedient, sodass es eine ganze Reihe täglicher Verbindungen gibt. Internationale Flüge gibt es zudem nach Shannon und Kerry, gelegentlich auch nach Cork, daneben Anschlussflüge im Land nach Galway und Sligo. Belfast ist über englische Flughäfen wie London und Manchester, ab Berlin (mit Ryanair) und Amsterdam auch mit einem Direktflug zu erreichen.

MIT DER FÄHRE

Von Südwales, Nordengland und Schottland aus überqueren Fähren die Irische See. Einige Fährgesellschaften bieten günstige Kombinationstarife (Landbridge) an, wenn man alle Seestrecken bei ihnen bucht.

Von verschiedenen Häfen Nordfrankreichs bestehen auch direkte Routen nach Irland (Rosslare im Südosten sowie Cork). Die gemütliche Seereise erspart eine lange Autofahrt, ist aber nicht billig.

REISEN IM LAND

MIT DEM WAGEN

In Irland wird wie in Großbritannien links gefahren, und auch die Verkehrsregeln entsprechen im Wesentlichen denen in Großbritannien und Nordirland: Autos im Kreisverkehr haben Vorfahrt, bei allen anderen Straßen geben Schilder die Regelung an.

Als Tempolimits gelten in geschlossenen Ortschaften 50 km/h (entspricht in Nordirland 30 mph), auf Landstraßen 80 km/h, auf National- und mehrspurigen Straßen 100 km/h (in Nordirland 60 mph auf allen Landstraßen) und auf Autobahnen 120 km/h (in Nordirland auf Autobahnen und mehrspurigen Straßen 70 mph). Alle Fahrzeuginsassen müssen den Gurt anlegen; die Promillegrenze liegt bei 0,5.

> ### 📺 MEILEN & KILOMETER
>
> In Nordirland wird wie im übrigen Großbritannien in Meilen gerechnet, in der Republik Irland sind Tempolimits und Distanzen in Kilometern angegeben. Wer sich ein Auto mietet, sollte allerdings achtgeben: Immer noch zeigen die Tachometer einiger Mietwagen Meilen an.

Bahnstrecke im County Londonderry unterhalb des Mussenden-Tempels nahe Castlerock

Wer ein Auto mieten möchte, sollte dies daheim zusammen mit der Buchung des Flugs erledigen, da in Irland selbst mit erheblich höheren Kosten gerechnet werden muss. Mietwagenfirmen verlangen den nationalen Führerschein und akzeptieren in der Regel nur Kreditkarten als Zahlungsmittel. Fahrer von unter 25 und über 70 Jahren sollten sich über mögliche Altersbeschränkungen des jeweiligen Vermieters informieren.

In den Gaeltacht-Gebieten › S. 40 sind manche Schilder nur irisch bzw. gälisch beschriftet. Da man in Irland aber ohnehin Straßenkarten benötigt, die auch die gälischen Ortsnamen nennen, sollte dies kein Problem sein.

MIT ÖFFENTLICHEN VERKEHRSMITTELN

Die Bahnverbindungen auf der irischen Insel gehen fast ausschließlich fächerförmig von Dublin aus, wobei der Westen von Nordirland sowie der Nordwesten und die Südspitze der Republik unterversorgt sind. Dagegen sind die Fernbusnetze gut ausgebaut (*Ulsterbus* in Nordirland und *Bus Éireann* in der Republik). Im Sommer werden vor allem an der Westküste noch zusätzliche Strecken in Betrieb genommen.

Ein Busticket kostet in der Regel weniger als 50 % des Bahntickets, allerdings dauert die Fahrt oft viel länger. Relativ günstig reist man mit dem Pass **Irish Explorer Rail Only** (5-Tages-Ticket für 160 € innerhalb von 15 aufeinanderfolgenden Tagen; www.irishrail.ie) bzw. dem **Open Road Pass** für den Bus (z. B. 3 Tage für 60 €; www.buseireann.ie).

Fahrplan- und Preisauskünfte: **Irish Rail (Iannród Eireann):** www.irish rail.ie, **Bus Éireann:** www.buseireann.ie, **Northern Ireland Railways, Ulsterbus** und **Belfast Metro:** www.translink.co.uk.

EINE GRÜNEN-POLITIKERIN IST ZURÜCK IM GRÜNEN

Von unaufgeregter Schönheit zeigt sich das Hinterland im Südosten Irlands

Draußen in der Natur ist Mary White eindeutig in ihrem Element. Mit energischen Schritten und viel Enthusiasmus in der Stimme geht sie mir auf dem kleinen Wanderweg Raheendarragh Loop im County Carlow voran. Die Landschaft wellt sich grün, und die hügeligen Ausläufer der Blackstairs Mountains sind nicht wirklich eine sportliche Herausforderung.

Überhaupt gleicht das Ganze mehr einem Spaziergang als einer Wanderung. Immer wieder bleibt Mary stehen, weil sie etwas entdeckt hat, und weiht mich ein in die kleinen Wunder der Natur. Hier zum Beispiel, die Blüten des Stechginsters: Duften sie nicht wunderbar nach Kokos? Und wenn man daraus Eiscreme herstellt, schmeckt diese auch danach.

Mary spricht über Vögel, Schnecken, Pilze, Beeren. Ihr Wissen scheint unerschöpflich. Immer wieder halten wir an, um zu schauen, zu riechen, zu probieren. Geschickt zupft sie Blätter von Wildkräutern, die in den Ritzen der alten Trockenmauern entlang des Wegs wachsen, und legt sie in kleinen Weidenkorb, den sie mitgebracht hat. Was die 70-Jährige aus den Wildpflanzen herstellt, ist so köstlich wie erstaunlich: in Öl gebratene Löwenzahnblüten etwa, mit Puderzucker und Eiklar kristallisierte Primelblüten, Brennnesselpesto.

Es gibt in Irland spektakulärere Landschaften als diese, zwei Stunden südlich von Dublin. Ihr Liebreiz erschließt sich erst, wenn man in ihr unterwegs ist. Man kann wandern in dem Mittelgebirge Blackstairs Mountains oder auf dem Fluss Barrow Kajak fahren. Touristenmassen gibt es nicht. Wegen dieses Idylls haben sich auch eine ganze Reihe Künstler und Schriftsteller in der Region niedergelassen.

EIN ÖKO-VORZEIGEBETRIEB

Wir sind zurück in Marys geräumigem Haus. Über Jahre haben Mary und ihr Mann Robert das ehemalige Pfarrhaus der Gemeinde zu einem Schmuckstück restauriert. Robert ist genauso ein Naturenthusiast wie Mary, und auch Tochter Dorothy Ellen arbeitet im kleinen Familienbetrieb mit. Von Frühling bis Herbst bieten sie wöchentliche Touren an, außerdem Workshops, Vorträge, Touren für Schulen und Gruppen. Die alte Scheune haben die Whites zu einem »Eco Centre« ausgebaut, beheizt mit Erdwärme.

Schon fünf Jahre in Folge wurde ihr Unternehmen mit dem Eco Tourism Ireland Award in Gold ausgezeichnet. Überall In der lichtdurchfluteten Scheune stehen kleine Schraubgläser mit getrockneten oder eingelegten Kräutern. Durch die hohen Fenster schaut man auf das parkähnliche Anwesen, zu dem auch ein künstlicher Bachlauf und ein kleiner See samt Ruderboot gehören. Auf der Wiese stehen zwei ausgebaute Schäferkarren, in denen Besucher übernachten können.

Mary und Robert haben auf ihrem Grund etliche Bäume gepflanzt, vor allem Eichen. Irland muss wieder aufgeforstet werden, finden beide und machen es im Kleinen vor.

Bäume sind eine große Leidenschaft von Robert, vor allem jene, die den Kelten heilig und wichtig waren. Auf ihrem Celtic Tree Trail schaue ich mir diese »Noble Trees« an, zu denen Eibe, Hasel, Esche und Eiche zählen. Die »Gewöhnlichen« *(commoners)* dagegen sind etwa Birke, Erle oder Weißdorn.

AUCH ALS POLITIKERIN ERFOLGREICH

Mary mit ihrem silbrigen Kurzhaarschnitt ist keine, die mahnende Predigten hält. Sie möchte lieber Anregungen und Hoffnung geben. Jeder könne etwas für die Umwelt tun, etwa Vögel füttern oder seinen Balkon mit bienenfreundlichen Blumen bepflanzen.

Zusammen mit anderen hatte sie sich schon Ende der 1980er-Jahre erfolgreich dafür eingesetzt, dass in der Gegend nicht nach Bodenschätzen gegraben wird. Danach gewann die Green Party Mary dafür, für sie zu kandidieren. Sie wurde Abgeordnete im Dáil Éireann, Vizeparteivorsitzende der Green Party und sogar Staatsministerin. Nach der verlorenen Wahl 2011 gründete sie Blackstairs Eco Trails. Nun ist zurück bei ihren grünen Wurzeln.

Blackstairs Eco Trails 📱 F7
• The Old Rectory, Killedmond
  Borris, Co. Carlow | Tel. 059/977 3184
  www.blackstairsecotrails.ie

SPORT & AKTIVITÄTEN

Bei vielen Aktivitäten (z. B. Angeln, Bootfahren, Reiten, Golf) fallen Pauschalangebote der Reisebüros preisgünstiger aus als Buchungen beim Veranstalter in Irland selbst.

WASSERSPORT UND BOOTSFERIEN

Rund 1500 km Küste, 14 000 km Flüsse und über 4000 Seen – Irland ist ein Wassersportparadies. Neben Bademöglichkeiten bieten die Küstengewässer und Loughs Seglern ideale Reviere. Infos:

Irish Sailing Association 📖 F6
• 3 Park Road | Dun Laoghaire
  Co. Dublin
  Tel. 01/280 0239
  www.sailing.ie

Als größtes und beliebtestes Revier für den Urlaub auf Kabinenkreuzern bietet sich der Shannon an › Seitenblick S. 82. Ruhiger und landschaftlich fast noch schöner ist das Gebiet von Upper und Lower Lough Erne im nordirischen Fermanagh.

ANGELN

In der **Republik Irland** locken einige der besten Fischgewässer Europas. Die beste Zeit für das Fischen von Lachsen beginnt Ende März, für Meerforellen im Juni, Bachforellen sind von April bis Juni und im September besonders zahlreich.

Angellizenzen unterschiedlicher Gültigkeitsdauer gibt es für eine Region oder auch überregional, z. B. in Anglerläden (tackle shops), in Büros von **Inland Fisheries Ireland** oder vorab im Internet unter www.

fishinginireland.info. Dort findet man auch eine Fülle von Informationen, bis hin zu ausführlichen Adressenlisten von Angelführern (ghillies), die auch Ruderboote und Unterkünfte vermieten. Die deutsche Version der Website ist ebenfalls sehr informativ, Angellizenzen online kann man jedoch nur über die englische Homepage erwerben.

Inland Fisheries Ireland 📖 F5
Büros in Swords, Blackrock, Clonmel, Macroom, Limerick, Galway, Ballina und Ballyshannon.
• Citywest Business Campus
  3044 Lake Drive | Dublin 24
  Tel 01/278 7022
  www.fishinginireland.info
  www.angelninirland.info

In **Nordirland** gelten die Angellizenzen für unterschiedliche Zeiträume, z. B. für das Fischen von Lachs oder für Hechtangeln. Eine Tageslizenz kostet ab ca. 7 £. Das Süßwasserangeln nach anderen Fischen ist wie das Angeln im Meer kostenlos und erfordert keine Lizenz.

**Department of Culture,
Arts and Leisure** 📖 G3
• Causeway Exchange | 1–7 Bedford Street
  Belfast | BT2 7EG
  Tel. 028/9025 8825 | www.dcalni.gov.uk

PFERDESPORT

Pferdefreunde sind in Irland am richtigen Ort. Reitställe, die Unterricht, Ausritte und Wanderritte anbieten, gibt es gehäuft in den Counties Meath, Wicklow und Cork. Urlaub im Pferdewagen ist seit vielen Jahren eine irische Spezialität. Verleihfirmen finden sich auf der Website www.irishhorsedrawncaravans.com. Infos bietet auch:

Association of Irish RidingEstablishments ▌F6
• Millennium Park | Naas | Co. Kildare
  Tel. 045/854 518
  www.aire.ie

RADFAHREN

Wer ohne eigenes Rad anreist, findet zahlreiche örtliche Verleiher. Steigender Beliebtheit erfreuen sich organisierte Radtouren mit Gepäcktransport, vorwiegend in Connemara und im Südwesten.

Möglichkeiten, Fahrräder zu leihen, gibt es landesweit. Stationen finden sich etwa unter www.ireland.com/en-us/what-is-available/cycling/bike-rental.

Go Ireland ▌B8
Organisiert Rad- und Wandertouren.
• Dalys Lane | Killorglin | Co. Kerry
  Tel. 066/976 2094
  www.govisitireland.com

WANDERN

Der längste von Irlands vielen Wanderwegen ist der ca. 930 km lange Ulster Way durch den ganzen Norden der Insel. Am schönsten wandert es sich in den Mountains of

Kanute vor der Küste nahe Portstewart

Mourne im Nordosten in den Macgillicuddy's Reeks im Südwesten sowie um den Mount Brandon auf der Dingle-Halbinsel und in den Wicklow Mountains.

GOLF

Irland besitzt etwa 380 teils wunderschöne Plätze, die meist auch für Nichtmitglieder zugänglich sind. Hotels mit eigenem oder nahe gelegenem Golfplatz gibt es z.B. in Athlone › S. 83, Kilkenny › S. 79, Waterford › S. 97, Sligo › S. 126 und Portrush › S. 139. Für anspruchsvolle Golfer empfiehlt sich der **Rathsallagh Golf Course** ▌F6 in Dunlavin (Tel. 045/403 316); stilvoll übernachten kann man im noblen Rathsallagh House (Tel. 045/403 112, www.rathsallagh.com; €€€).

Golfing Union of Ireland ▌F5
• Carton Demesne
  Co. Kildare | Tel. 01/505 4000
  www.golfnet.ie

HART & SCHNELL: GAELIC SPORTS

Hurling – dem Feldhockey verwandt – und Gaelic Football haben in Irland lange Tradition und eine politische Dimension in Abgrenzung zu Großbritannien. Was die beiden Sportarten aber besonders attraktiv macht, ist die Art und Weise, wie sie gespielt werden: große Mannschaften, einfache Regeln und auf dem Feld schnelle, harte Action ohne viele Unterbrechungen.

HURLING

Hurling gilt als schnellste im Freien gespielte Mannschaftssportart der Welt. Auf einem 137 × 82 m großen Spielfeld (zum Vergleich: das Feld beim kontinentalen Fußball misst 105 × 70 m) kämpfen zwei Mannschaften zu je 15 Spielern um *goals* und *points* (für einen Schuss ins obere Rechteck des H-förmigen Tors, wo er vom Torwart nicht erreicht werden kann).

Gespielt wird mit einem Stock (*hurley*, auf Irisch *camán*); der harte Ball *(sliotar)* darf in die Hand genommen, aber nicht geworfen oder mehr als vier Schritte lang festgehalten werden.

Beim Hurling wird der Ball mit dem *hurley* genannten Schläger geschlagen

Während zwei Halbzeiten zu je 35 Minuten (bei Spielen zur irischen Meisterschaft) wird hart zur Sache gegangen – ein gewisses Maß an Körperkontakt ist erlaubt, der Schiedsrichter unterbricht selten, Freischläge werden blitzschnell ausgeführt.

Ergebnisse lesen sich darum etwa so: Westmeath 3-11, Cork 2-13, das heißt Westmeath hat drei *goals* (jeweils drei Punkte) und elf *points* erzielt, macht zusammen 20 Zähler gegen Corks 19 Zähler.

CAMOGIE

Das ist eine zunehmend beliebte, über 100 Jahre alte Form des Hurling für Frauenteams. Die Regeln entsprechen im Wesentlichen denen des Hurling (www.camogie.ie).

GAELIC FOOTBALL

Wird auf dem gleichen Feld mit der gleichen Anzahl Spieler und ähnlichen Regeln wie beim Hurling gespielt, jedoch ohne Stöcke. Der Ball gleicht in Größe und Form einem Fußball, der mit dem Fuß getreten, aber auch mit den Händen gefangen und gefaustet sowie fünf Schritte weit festgehalten werden darf.

EINFACH HINGEHEN!

Die Meisterschaftssaison beginnt im Frühjahr und endet mit dem Hurling-Finale am ersten Sonntag im September und dem Football-Finale zwei Wochen später, beide im Nationalstadion **Croke Park** in Dublin. Die großen Finalspiele ziehen bis zu 70 000 Zuschauer an. Spiele der Lokalmannschaften finden den ganzen Sommer über meist am Samstagnachmittag auf öffentlichen Plätzen statt. Tickets zu Grafschaftsspielen kosten 8–15 €, Vorverkauf ist nicht üblich (außer natürlich bei den Finals in Dublin). Wer wissen will, worum es beim Hurling oder Gaelic Football wirklich geht, sucht am besten einen der Pubs auf, in denen sich die einheimischen Sportsfreunde treffen: Bei **Murphy's** in Killarney zeigt der Fernseher selten etwas anderes als gälischen Sport, und im weit über 100 Jahre alten Pub **O'Briens** in Athy im County Kildare sind die Wände bedeckt mit vergilbten Fotos von Sportheroen vergangener Zeiten. Es heißt, der Besitzer Frank O'Brien könne zu jedem Bild eine Geschichte erzählen.

CROKE PARK

Das **Nationalstadion Croke Park** (Jones's Road, Dublin 3), ist auch Hauptsitz der Gaelic Athletic Association (GAA, irisch: *Cumann Lúthchleas Gael*), die seit dem 19. Jh. über die Einhaltung der Regeln wacht und die Meisterschaften ausrichtet. Auskunft über Spieltermine und Kartenvorverkauf unter Tel. 01/836 3222; www.gaa.ie). › mehr S. 15 Punkt **24**

Im sehenswerten **Croke Park GAA Museum** endet der Rundgang mit dem preisgekrönten Dokumentarfilm »A Day in September«, der die besondere Stimmung bei einem nationalen Endspiel einfängt (www.crokepark.ie/gaa-museum, Mo–Sa 9.30–17, So 10.30–17, Juni–Aug. Mo bis Sa 10.30–18, So 9.30–17 Uhr).

UNTERKUNFT

Die Fremdenverkehrszentralen Northern Ireland Tourist Board (NITB) und Fáilte Ireland unterhalten Büros in nahezu jedem Ort.

Auf ihrer gemeinsamen Website www.ireland.com/de-de finden sich umfangreiche Verzeichnisse sowohl als Download als auch als Broschüren, die auf Bestellung verschickt werden; gemeinsam mit den Hotelverbänden für die ganze Insel wird zudem der illustrierte Führer »Hotels and Guesthouses – Be Our Guest« herausgegeben (www.ihf.ie/content/be-our-guest-hotel-guesthouse-guide). Sehr informative Internetseiten samt komfortablen Buchungsmöglichkeiten bietet www.fewo-direkt.de. Detaillierte Informationen finden sich auch auf der Homepage von Sally und John McKenna: »100 Best Places to Stay« (www.guides.ie/100bestplacestostay).

BED & BREAKFAST

Diese Unterkünfte sind auf der ganzen Insel allgegenwärtig. In der Republik zeigen die meisten Anbieter durch ein Schild mit einem Kleeblatt an, dass sie regelmäßig durch Fáilte Ireland kontrolliert werden. Neben Bett und Frühstück wird oft auch eine warme Abendmahlzeit angeboten.

Im B & B erweist es sich, dass die Iren tatsächlich ein gastfreundliches Volk sind. Der Nachteil bei einem längeren Aufenthalt ist, dass von den Gästen erwartet wird, dass sie tagsüber das Haus verlassen.

Kaminzimmer im Abbeyglen Castle

GUESTHOUSES UND HOTELS

Hinsichtlich Tagesaufenthalt – aber nicht unbedingt in Bezug auf das Zimmer selbst – bieten Guesthouses mehr Komfort. Wegen der sprunghaften Entwicklung des Tourismus in den letzten 30 Jahren verfügt Irland über zahlreiche moderne Hotels. Diese sind zwar nicht billig, aber wer sich Luxus leisten kann oder über die Stränge schlagen möchte, kann aus einem breiten Angebot an Gästezimmern in wunderschönen Landhäusern und Schlössern wählen. Einige davon werden unter den jeweiligen Orten im Reiseteil beschrieben.

HIDDEN IRELAND

Unter diesem Namen haben sich landesweit über 30 Anbieter historischer Land- und Stadthäuser zusammengeschlossen. Alle Anwesen sind bewohnt, was bedeutet, dass man als Besucher für einige Tage ein Teil der Familie wird – umso mehr, wenn man sich entschließt, eine Unterkunft einschließlich Dinner zu buchen. Die meisten Häuser liegen inmitten großer, gepflegter Gärten und bieten zudem noch diverse Aktivitäten wie Reiten, Golf oder Angelausflüge an. Bei diesem Angebot genießt man den Komfort eines Luxushotels gepaart mit der sprichwörtlichen irischen Gastfreundschaft in familiärer Atmosphäre.

• www.hiddenireland.com

SECRET PLACES

Wer es etwas preisgünstiger mag und trotzdem in schönen, kleinen Hotels, Boutiquehotels oder traditionellen Landgasthäusern wohnen möchte, wird wahrscheinlich bei den Irland-Angeboten auf der Website von Secret Places fündig. Hier kann man schon Zimmer für deutlich unter 100 Euro finden.

• www.secretplaces.de

ORIGINELLE UNTERKÜNFTE

• Wer wollte nicht schon immer mal hinter eine der typischen georgianischen Türen Dublins schauen? Im **Staunton's on the Green** gibt es nicht nur viel edles georgianisches Flair, das Hotel hat sogar einen Garten. > S. 64

• Edel geht es im **Mount Juliet** südlich von Kilkenny zu. Ein Reitstall und ein Golfplatz, auf dem die Irish Open ausgetragen werden, gehören zum Hotel. > S. 81

• Ein Hotel mit eigener Insel ist **Waterford Castle** bei Ballinakill. Das noble Haus ist nur mit der Privatfähre erreichbar. > S. 98

• Die Zimmer sind nicht einmal besonders luxuriös, aber das Ambiente macht's: Im roten Salon des **Bantry House** an der Südwestküste hängen Wandteppiche, die eigens für die Hochzeit von Königin Marie Antoinette gefertigt wurden. > S. 102

• **Abbeyglen Castle** an der Sky Road bei Clifden ist zwar nur eine Schlossimitation aus den 1930ern, die Zimmer sind aber trotzdem luxuriös, und die Aussicht ist atemberaubend. > S. 122

Bis 1919 kostete es noch einen
halben Penny, die Ha'penny Bridge
in Dublin zu überqueren

LAND & LEUTE

STECKBRIEF

- **Fläche:** 84 459 km² (Republik Irland 70 282 km², Nordirland 14 177 km²); größte Ausdehnung Nord–Süd 486 km, West–Ost 275 km.
- **Küstenlänge:** 1448 km
- **Längster Fluss:** Shannon (386 km)
- **Größter See:** Lough Corrib (170 km²)
- **Höchster Berg:** Carrauntuohill (1041 m)
- **Einwohner:** ca. 6,7 Mio. (Republik Irland 4,8 Mio., Nordirland 1,9 Mio.)
- **Amtssprachen:** In der Republik Irland Englisch und Irisch (Gälisch); in Nordirland Englisch.
- **Währung:** Euro (Republik Irland), Pfund Sterling (Nordirland). Nordirland hat

neben den britischen auch eigene nordirische Banknoten.
- **Hauptstadt:** Dublin (Republik Irland)
- **Landesvorwahl:** Republik Irland 00353, Nordirland 0044
- **Zeitzone:** Greenwich Mean Time, d. h. MEZ −1 Std.

LAGE UND LANDSCHAFT

Die Insel Irland liegt westlich von Großbritannien im Atlantik. Ihr nördlichster Punkt, Malin Head in Donegal, befindet sich auf demselben Breitengrad wie Ayr in Südschottland und Odense in Dänemark, die Südspitze, Mizen Head in Cork, auf jenem von London und Leipzig. Eine fruchtbare, von vielen Seen durchsetzte Kalkstein-Tiefebene bildet das Landesinnere. Größere Erhebungen gibt es nur an den Küsten. Im Nordwesten und an der Ostküste bestehen sie aus Granit, im Süden und Südwesten aus Sandstein, im Nordosten aus Basalt; den grandiosen Höhepunkt bildet hier der Giant's Causeway.

POLITIK UND VERWALTUNG

Irland gliedert sich in vier überregionale Provinzen (Ulster im Norden, Connacht oder Connaught im Westen, Leinster im Osten und Munster im Süden) und 32 regionale Grafschaften (Counties; 26 in der Republik Irland, sechs in Nordirland). Die vier Provinzen entsprechen in etwa den alten Königreichen, nach denen sie auch benannt sind.

Staatsoberhaupt der **Republik Irland** ist ein direkt gewählter Präsident mit Repräsentativfunktion (seit 2011 Michael D. Higgins, 2018 im Amt bestätigt). Das Parlament *(Oireachtas)* besteht aus dem Repräsentantenhaus *(Dáil Éireann)* mit 158 und dem Senat *(Seanad Éi-*

reann) mit 60 Abgeordneten. Größte Parteien sind die konservative *Fine Gael* (»Familie der Gälen«), die sozialdemokratische *Labour Party* sowie die ebenfalls konservative *Fianna Fáil* (»Soldaten des Schicksals«). Derzeitiger Regierungschef ist Leo Varadkar von der Fine Gael.

Das sechs der neun Grafschaften der historischen Provinz Ulster umfassende **Nordirland** ist Teil des Vereinigten Königreichs. Hauptstadt ist Belfast. Nach bürgerkriegsähnlichen Unruhen wurde 1972 das Belfaster Parlament aufgelöst und Nordirland von der Londoner Zentralregierung verwaltet. Erst 1998 konstituierte sich das nordirische Regionalparlament neu. Seit 2003 stellt die radikal-protestantische *Democratic Unionist Party (DUP)*, die enge Bindungen an Großbritannien befürwortet, die stärkste Kraft.

2007 gelang erstmals eine Regierungsbildung mit der *DUP* und *Sinn Féin,* die lange als politischer Arm der Untergrundorganisation IRA gehandelt wurde. Die gemeinsame Regierung dieser beiden Parteien zerbrach allerdings Anfang 2017, seitdem ist Nordirland ohne eigene Regierung.

Der Brexit, der beim Referendum 2016 in Nordirland mehrheitlich abgelehnt wurde, hat die Spannungen verschärft. Es wird befürchtet, dass nach einem eventuellen harten Brexit die dann erforderlichen Grenzkontrollen zwischen Irland und Nordirland den Konflikt wieder befeuern.

WIRTSCHAFT

Seit alters her prägt die Landwirtschaft das Gesicht der **Republik Irland,** obwohl heute die Agrarproduktion nur noch rund 1 % des Bruttoinlandsprodukts ausmacht und die Industrie längst die Wirtschaft des Landes bestimmt. Wichtigster Dienstleistungssektor ist der Tourismus (jährlich ca. 9 Mio. Besucher). Zu Beginn des 21. Jhs. verzeichnete die Wirtschaft hohe Wachstumsraten. 2007 lag die Arbeitslosigkeit unter 5 %, Kaufkraft und Exportüberschuss übertrafen klar den EU-Durchschnitt. Durch die Bankenkrise von 2008 schlitterte das Land erstmals seit den 1980er-Jahren in die Rezession.

Seitdem hat sich Irlands Wirtschaft leicht erholt; im Dezember 2013 konnte Irland den Euro-Rettungsschirm verlassen. Die Erwerbslosenquote lag 2018 bei unter 6 %, was an der wiedererstarkten Wirtschaft liegt, aber auch daran, dass in den ersten Jahren nach der Finanzkrise viele junge Iren ausgewandert sind.

Die Region um Belfast in **Nordirland** ist seit dem 19. Jh. das führende Industriezentrum Irlands mit bedeutenden Betrieben der Schwerindustrie (Schiffbau, Luftfahrt) und der Textilverarbeitung. Dies verlieh den Auseinandersetzungen um die Teilung eine zusätzliche Dimension. Industrieinvestitionen werden von der britischen Regierung hoch subventioniert, niedrige Löhne sowie schwache Gewerkschaften ziehen amerikanische und asiatische Firmen an.

GESCHICHTE IM ÜBERBLICK

Ab 7000 v. Chr. Aus dieser Zeit stammen die frühesten Belege für die Anwesenheit von Jägern und Sammlern an den Küsten, ab ca. 3000 v. Chr. gibt es Nachweise von Sesshaftigkeit, Landwirtschaft und hoch entwickelter Kulturtätigkeit (Kammergräber).

Ab 500 v. Chr. Die erste belegbare Zuwanderung von Kelten aus Britannien (Eisenzeit).

Um 300 n. Chr. Mit dem Ogham-Alphabet entwickelt sich eine runenähnliche Schrift.

ab 432 Der hl. Patrick missioniert in Irland.

Ab ca. 800 Wikinger fallen ein. Nach anfänglichen Raubfahrten gründen sie Siedlungen (Dublin, Wexford, Waterford, Cork u. a.).

976–1014 Brian Boru, seit 976 König von Munster, erklärt sich 1002 zum irischen Hochkönig und schlägt 1014 die Wikinger entscheidend. Nach seinem Tod im selben Jahr zerfällt das Reich.

Ab 1169 Dermot MacMurrough unterliegt im Kampf um den irischen Thron und bittet den englischen König Heinrich II. um Hilfe. Dessen Anglonormannen erobern große Teile der Insel, bauen Burgen und führen das Feudalsystem ein.

1366 Mit den »Statuten von Kilkenny« will die englische Krone die Assimilierung ihrer Barone verhindern.

1541 Heinrich VIII. von England lässt sich zum König von Irland erklären und beginnt, mit der »Reformation« von oben die englische Oberhoheit gegen irische Klanfürsten durchzusetzen.

1607 Nach einer gescheiterten Rebellion gegen Elisabeth I. setzen sich die zwei mächtigsten Fürsten nach Frankreich ab. Diese »Flucht der Grafen« gilt als Ende der gälischen Vormacht in Irland. Jakob I. beginnt mit der systematischen Ansiedlung protestantischer Schotten und Engländer in Nordirland *(Ulster Plantation).*

1641–1653 Ein Aufstand katholischer Iren gegen die Siedlungspolitik verzeichnet anfängliche Erfolge. Ab 1649 überzieht Oliver Cromwell Irland mit einem Vernichtungsfeldzug.

1688–1691 Der in England abgesetzte Katholik Jakob II. versucht, auf irischem Boden seinen Thron gegen Wilhelm von Oranien zu verteidigen, unterliegt aber in der Schlacht am Fluss Boyne 1690 › S. 73. Periode der *Protestant Ascendancy:* Das irisch-protestantische Parlament in Dublin erlässt 1691 Strafgesetze, die Katholiken von öffentlichen Ämtern ausschließen, sie des Landbesitzes berauben und ihre Religionsausübung erschweren.

1791–1800 In Belfast wird die Vereinigung der *United Irishmen* gegründet. Mit dem *Act of Union* entsteht das Vereinigte Königreich. Das Dubliner Parlament wird aufgelöst, Irland ist zwangsweise in Westminster vertreten.

1829 Der katholische Politiker Daniel O'Connell setzt im Londoner Parlament ein Gesetz zur Katholikenemanzipation durch.

Ab 1840 In der Auseinandersetzung mit Großbritannien erstarken nationalistische Bewegungen. Neues Interesse an gälischer Kultur (1893 *Gaelic League*) erwacht.

1845–1851 Große Hungersnot.

Ab 1880 *Land League* und *Irish Home Rule Party* kämpfen unter Charles Stuart Parnell um irische Autonomie und Bodenreform.

1905–1908 Die Gruppierung *Sinn Féin* (»Wir selbst«) entsteht.

1912/13 Am 28. Sept. 1912 unterzeichnen fast 75 % aller Ulster-Protestanten ein Gelöbnis, Autonomiebestrebungen »mit allen nötigen Mitteln« zu verhindern. Dieses Gelöbnis soll die *Ulster Volunteer Force* durchsetzen.

1916 Ca. 1800 Freiwillige besetzen am 24. April öffentliche Gebäude in Dublin und rufen unter P. Pearse und J. Connolly die Irische Republik aus. Der Osteraufstand scheitert, gilt aber als Geburtsstunde der irischen Unabhängigkeit.

1918–1923 *Sinn-Féin*-Abgeordnete rufen ein eigenes Parlament in Dublin aus, mit Éamon de Valera als Präsident. Die britische Regierung sendet Truppen. Im anglo-irischen Krieg 1919–21 gewinnt die *Irish Republican Army* die Oberhand. Das irische Parlament nimmt 1922 den anglo-irischen Vertrag zur Gründung eines irischen Freistaats an. Danach können die sechs Grafschaften Nordirlands mit protestantischer Mehrheit selbst über einen Beitritt zum Freistaat entscheiden. Bürgerkrieg zwischen den Kräften, die weiterhin eine gesamtirische Republik wollen, und der vertragstreuen Freistaatsregierung, die siegreich bleibt.

1939 Éire erklärt seine Neutralität im Zweiten Weltkrieg.

1967–1972 Loyalisten greifen in Nordirland Demonstrationen der Bürgerrechtsbewegung an. 1969 senden die Briten Truppen. 1970 spaltet sich die illegal für ein vereinigtes Irland kämpfende IRA; die *Provisional IRA* verstärkt den »bewaffneten Kampf«. Als britische Soldaten 1972 am »Bloody Sunday« 13 Demonstranten töten, spitzt sich die Lage zu. Das Belfaster Parlament wird aufgelöst, Nordirland von London aus direkt regiert.

1973 Irland und Großbritannien treten der EWG bei.

1995 In der Republik votiert man für das Recht auf Ehescheidung.

Denkmal für Daniel O'Connell in Dublin

1999/2000 Das Regionalparlament in Belfast übernimmt Aufgaben der Selbstverwaltung.

2002 Die nordirische Regierung bricht auseinander, London übernimmt bis 2007 wieder die direkte Regierungsgewalt.

2003 Bei den Wahlen in Belfast siegt die protestantische *Democratic Unionist Party (*DUP) unter Führung von Ian Paisley.

2005 Die IRA schwört dem bewaffneten Kampf ab.

2009 Beim zweiten Referendum stimmen die Iren für den 2008 noch abgelehnten EU-Reformvertrag.

2009−2010 Infolge der Finanz- und Wirtschaftskrise erlebt Irland die stärkste Auswandererwelle seit Ende der 1980er-Jahren.

2014 Ian Paisley, der viele Jahre als Symbolfigur der Unversöhnlichkeit in Nordirland galt, stirbt in Belfast.

2015 In einem Referendum sprechen sich die Iren der Republik für die gleichgeschlechtliche Ehe aus.

2016 Die britische Entscheidung für den Brexit lässt Ängste aufkommen, dass es zwischen Nordirland und der Republik eine geschlossene Grenze geben könnte.

2017 Die Regionalregierung Nordirlands zerbricht. Anfang 2019 ist noch immer keine neue Regierungsbildung gelungen.

2018 Eine Zweidrittelmehrheit stimmt beim Referendum in der Republik Irland für eine deutliche Liberalisierung der bislang sehr strengen Abtreibungsgesetze.

DIE MENSCHEN

Zu behaupten, die Iren seien Kelten, ist etwa so sinnvoll wie die Aussage, alle Deutschen seien Germanen. Den keltischen Einwanderern folgten Wikinger, Anglonormannen und Hugenotten sowie schottische und englische Siedler nach Irland.

SPRACHE

Als wichtigstes keltisches Erbe behielten die Iren ihre gälische Sprache. Ab dem 10. Jh. entwickelte sich aus dem Gälischen das Irische (Westgälisch), das im 18./19. Jh. als Verkehrssprache dem Englischen weichen musste und erst seit der Gründung des Irischen Freistaats 1922 wieder systematisch gefördert wird. Irisch wird heute in der Republik an allen Schulen gelehrt und ist die offizielle Landessprache. In Umfragen geben etwa 30 % der Bevölkerung in der Republik und gut 5 % in Nordirland an, des Irischen mächtig zu sein, doch nur in den *Gaeltacht* genannten Gebieten – vorwiegend im Südwesten, in den Küstenstrichen von Galway und Mayo sowie in Donegal – wird Irisch noch im Alltag gesprochen. Aber auch hier versteht jeder Englisch. In einigen Gebieten Nordirlands wird der Dialekt Ulster Scots gesprochen.

RELIGION

Der Katholizismus ist in der Republik Irland de facto Staatsreligion. Zwar belegte der letzte Zensus (2016) sinkende Zahlen, doch bekennen sich noch 78,3 % der Bevölkerung zur katholischen Kirche (1981 waren es 95 %). In den vergangenen Jahren gab es zwar öffentliche Kontroversen um Themen wie Geburtenregelung und Scheidungsrecht, die auf einen schwindenden politischen Einfluss der Kirche schließen lassen, aber im täglichen Leben und im Schulwesen ist sie immer noch allgegenwärtig, auch wenn Skandale um sexuellen Missbrauch von Kindern und Jugendlichen durch katholische Geistliche das Vertrauen in die Institution schwer erschütterten.

Protestantismus herrscht, zumindest politisch, in den sechs nordirischen Counties vor. Zur presbyterianischen Kirche bekannten sich 2011 rund 19 % der Bewohner Nordirlands. Gemeinsam mit der anglikanischen Church of Ireland, den Methodisten und anderen protestantischen Gruppierungen können die evangelischen Kirchen jedoch auch nur knapp 42 % der nordirischen Bevölkerung auf sich vereinen, während der Anteil der Katholiken bei knapp 41 % liegt.

NATUR & UMWELT

Die heimischen Eichenwälder, die in vorgeschichtlicher Zeit große Teile der Insel bedeckten, wurden schon früh bis auf wenige geschützte Reste abgeholzt. Die meisten Aufforstungsprogramme der letzten Jahre beschränkten sich auf schnell wachsende Arten von Nutzhölzern.

Typisch für Irland sind heute außer Weideland ausgedehnte Moorlandschaften. Neben Hochmooren mit Heidekraut- und Farnbewuchs bedecken die *bogs* weite Flächen. Diese bis zu 10 m tiefen Torfmoore entstehen, wenn sich das Moos *Sphagnum* in tief liegendem Terrain mit schlechter Entwässerung festsetzt. Torfstechen im industriellen Maßstab, z. B. für Torfkraftwerke, aber auch für private Haushalte, gefährdet die *bogs* ernsthaft. Erst in den letzten Jahren hat man Maßnahmen zur Erhaltung dieser Biotope eingeleitet.

Torfstich in den *bogs*

Die als Wachtelkönig bekannte Ralle gehört zu den meistbedrohten Vogelarten Irlands, doch ist ihre Erhaltung zum Symbol für einen Wandel im Umweltbewusstsein der Bevölkerung geworden – in Donegal und Mayo wird auf Schildern dazu aufgerufen, den irischen Vogelschutzverband zu benachrichtigen, wenn man den Ruf einer *corncrake* hört. Die Vielfalt an Seevögeln und Meerestieren entspricht der anderer nordatlantischer Küsten, aber kaum irgendwo in Europa kann man so viele Delfine sichten wie vor Irlands Süd- und Westküste.

KUNST & KULTUR

MALEREI

Garret Morphey (um 1650–1716) gilt als der erste bedeutende irische Porträtist. Wie sein Nachfolger James Latham (um 1696–1747) war er für üppige Farbgebung und Detailtreue bekannt. Die Malerin und Glaskünstlerin Sarah Purser (1848–1943) schuf nicht nur selbst bedeutende Werke, sondern brachte auch in der 1901 von ihr ausgerichteten Doppelausstellung die Patriarchen der beiden wichtigsten irischen Künstlerdynastien zusammen: John Butler Yeats und Nathaniel Hone d. J.

Von John B. Yeats (1839–1922) stammen Porträts berühmter Zeitgenossen, darunter auch Bilder von seinen Söhnen, dem Dichter William Butler Yeats (1865–1939) und dem heute berühmtesten irischen Maler, Jack Butler Yeats (1871–1957). Jacks impressionistische Landschaftsgemälde und Darstellungen des Alltags der Bevölkerung von Dublin oder Sligo begründeten seinen Ruhm, doch betätigte er sich auch als Illustrator und Gebrauchsgrafiker. Seine Nichte Anne Yeats (1919–2001) ist mit Stillleben und Landschaftsbildern bekannt geworden.

Aus der Familie Hone stammt neben Nathaniel (1831–1917), der lange Jahre in Frankreich verbrachte und dessen Bilder irischer Landschaften stark von der Schule von Barbizon beeinflusst sind, auch Evie Hone (1894 bis 1955), die nach dem Studium in Paris den Einfluss des Kubismus nach Irland brachte und in ihren Glasmalereien umsetzte.

LITERATUR

Die Literatur in irischer Sprache florierte von frühchristlicher Zeit bis zur Unterdrückung der Sprache im 17. und 18. Jh. Sagen und Legenden auf Altirisch (ca. 600–900 n. Chr.) sind in später niedergeschriebenen Manuskripten erhalten.

Irlands englischsprachige Literatur hat seit Ende des 17. Jhs. Werke von Weltrang aufzuweisen. Literaturhistoriker streiten jedoch darüber, ob Schriftsteller der *Protestant Ascendancy* wie Nahum Tate und der große

Jonathan Swift nicht eigentlich – ungeachtet des »Zufalls« irischer Geburt – der englischen Literatur zuzurechnen seien.

Bei Oscar Wilde und George Bernard Shaw stellt sich die gleiche Frage wie bei Swift: Zwar werden deren Wortgewalt und ihr Sinn für Ironie auf ihre irische Herkunft zurückgeführt, aber sie bewegten sich stets in den literarischen Kreisen Londons und beschäftigten sich kaum mit irischen Themen.

Zu den heute bekanntesten Namen einer englischsprachigen Literatur, die von Stil und Inhalt her für Irland spezifisch ist, zählen Lady Isabella Gregory, William Butler Yeats, John Millington Synge und Sean O'Casey.

James Joyce (1882–1941), dessen epochaler Roman »Ulysses« in Triest, Zürich und Paris entstand, ist der berühmteste einer langen Reihe irischer Autoren, die aus der Ferne detaillierte Schilderungen ihrer Heimat lieferten; zu ihnen gehören auch William Trevor und Edna O'Brien.

Der nach Paris ausgewanderte Samuel Beckett schrieb gar ab 1948 alle seine Werke auf Französisch, darunter »En attendant Godot« (auf Deutsch: »Warten auf Godot«). Weltweite Bekanntheit als moderne Repräsentanten irischer Literatur erlangten der Dramatiker Brian Friel (»Dancing at Lughnasa«) und Roddy Doyle, dessen Romane, u. a. »The Commitments«, verfilmt wurden, sowie Frank McCourt, Autor von »Die Asche meiner Mutter«. Seamus Heaney erhielt 1995 (als vierter Ire nach Yeats, Shaw und Beckett) den Nobelpreis für Literatur. Ginge es allein nach der Popularität, gebührt Maeve Binchy (1940–2012) ein Spitzenplatz, denn ihre Kurzgeschichten und Romane haben immer wieder die internationalen Bestsellerlisten erobert.

🔲 AUS DER GEISTERWELT

Geheimnisvolle Wesen (*Daoine sidhe*, das »gute Volk«) bevölkern seit vorchristlicher Zeit die irischen Volksmythen und sind bis heute im Bewusstsein verwurzelt. Zu ihnen gehören bösartige Zwerge, *leprechauns*, die den Feenschatz am Ende des Regenbogens bewachen, *banshees*, weibliche Geister, deren Heulen vom herannahenden Tod kündet, und Quälgeister wie die *púka* oder *pooka*, die sich in Pferde oder Ziegenböcke verwandeln und Menschen entführen.

Trotz ihrer abschreckenden Eigenheiten sind sie stets als »the good people« zu bezeichnen, um sie wohlgesonnen zu stimmen. Um ein Übriges zu tun, stellt man über Nacht eine Schüssel mit Milch aufs Fensterbrett – die *sidhe* sind leicht zufriedenzustellen und können auch positiven Einfluss ausüben.

Zu *Samhain*, dem altirischen Fest des Winters und der Toten (heute als Hallowe'en bekannt und über die USA auch nach Mitteleuropa exportiert), kommen sich nach der überlieferten Vorstellung die Menschen- und die Geisterwelt besonders nahe.

💬 IREN IN DEN CHARTS

Freunde irischer Musik und solche, die es noch werden wollen, sollten nach diesen Platten und CDs Ausschau halten:

- **Enya:** Watermark (1988); Shepherd Moons (1991); The Celts (1992); A Day Without Rain (2000); And Winter Came (2008); Dark Sky Island (2015).
- **The Dubliners:** In Concert (1965); Live At The Albert Hall (1969); 15 Years On (1977); Together Again (1979); Live At Vicar Street (2006).
- **Sinéad O'Connor:** The Lion And The Cobra (1987); I Do Not Want What I Haven't Got (1990); Collaborations (2005); How About I Be Me (And You Be You)? (2012); I'm Not Bossy, I'm the Boss (2014).
- **Fionn Regan:** The End Of History (2006); 100 Acres of Sycamore (2011).
- **Mary Black:** Collected (1984); Babes In The Wood (1991); Wonder Child (1996); Speaking With The Angels (1999), Full Tide (2005); Down the Crooked Road (2014).
- **Thin Lizzy:** Thunder And Lightning (1990); Jailbreak (1996); Whiskey In The Jar (1996).
- International bekannt sind daneben auch Musiker wie **Chris de Burgh, Bob Geldorf** und **Rea Garvey,** und auch die **Kelly Family** hat irische Wurzeln.

MUSIK UND TANZ

In Irland wird von jeher die Verbindung von Elementen der Kunst- und Volksmusik gepflegt. So stand etwa der blinde Harfenist Turlough Ó Carolan in der Tradition keltischer Barden und komponierte im 17. Jh. in der Form überlieferter Tanzweisen, übernahm aber auch Elemente der italienischen Barocktradition. Séan Ó Riáda, der serielle Musik schrieb, bemühte sich in den 1950er-Jahren um die Wiederbelebung der traditionellen Musik. Aus dem von ihm gegründeten Konzertensemble ging die berühmte Folkgruppe »The Chieftains« hervor. Überaus erfolgreich auf internationalen Bühnen sind seit Mitte der 1990er-Jahre die irischen Tanzshows »Riverdance« und »Lord of the Dance«. Die Darbietungen der bis zu 80 Tänzer verknüpfen traditionelle Elemente des irischen Tanzes schwungvoll mit moderner Choreografie.

ARCHITEKTUR UND ANGEWANDTE KUNST

Glanzvolle Paradebeispiele für die Umsetzung archetypischer keltischer Ornamentik bei Metallarbeiten sind die berühmte Tara-Spange und der Ardagh-Kelch aus dem 8. Jh., zu bewundern im National Museum von Dublin › S. 60.

Einen Höhepunkt der europäischen Buchillustration stellt das Book of Kells › S. 58 aus dem 9. Jh. mit seinen filigranen Dekorationen und Figuren dar, wie man sie ähnlich auch auf den vielen Hochkreuzen aus derselben Zeit findet.

Romanische (und bald darauf gotische) Kirchen entstanden ab dem 11. Jh. (Cormac's Chapel, Cashel, »Black Abbey«, Kilkenny). Als die Anglonormannen Irland im 12. Jh. kolonisierten, brachten sie ihre Burgenarchitektur mit (Trim Castle, Bunratty Castle), und spätere Zuwanderer hielten es genauso: In Ulster entstanden im 17. Jh. befestigte Turmhäuser im schottischen Stil.

Klassizistische Stilrichtungen wie der Palladianismus bestimmten ab dem 18. Jh. die irische Repräsentationsarchitektur. Die Vorbilder waren importiert, aber einige irische Baumeister leisteten Bedeutendes, insbesondere in Dublin: Thomas Burgh entwarf die Bibliothek des Trinity College › S. 58, Sir Edward Lovett Pearce das Parliament House. 50 Jahre später gelangten englische Architekten zu Prominenz: James Gandon baute das Custom House › S. 61 und die Four Courts › S. 61; James Wyatt entwarf mehrere große Landhäuser wie Castle Coole › S. 143. Die anglo-irische Vorherrschaft ließ Mitte des 19. Jhs. den viktorianischen Monumentalismus auf Irland übergreifen: Zahlreiche Banken, Landhäuser und Kirchen wurden in historisierenden Stilrichtungen neu erbaut (z. B. St. Finbarre's Cathedral in Cork) oder nach der neuesten Mode umgestaltet (aus dem Turmhaus Tullira Castle in Galway entstand um 1880 ein Palais im nachgeahmten Tudorstil).

Der Modernismus des 20. Jhs. hielt in Irland erst spät Einzug (Flughafen Dublin, 1941 von Desmond FitzGerald erbaut), spiegelt sich dann aber in zahllosen modernen Kirchen wider.

🔲 TRACED BY ANGELS

Die Kelten hatten nicht nur ihre hohen handwerklichen Fähigkeiten in der Schmiedekunst nach Irland mitgebracht, sondern auch ihren eigenen dekorativen Stil. Schmuck, Waffen und Geräte verzierten sie mit komplizierten abstrakten Mustern aus ineinandergeschlungenen Linien. Zwischen dem 7. und 12. Jh. entstanden aus dem reichen dekorativen Schatz keltischen Ursprungs feinste Metall- und Emailkunstwerke.

Herausragend sind auch die wundervollen Buchilluminationen der berühmten Evangeliare: des Book of Durrow (entstanden um 680 und damit wohl die älteste erhaltene Übersetzung der Evangelien in Irland) und des Book of Kells (um 800), die beide in der Trinity College Library in Dublin aufbewahrt werden. Während das im Book of Durrow ungeachtet der kunstvoll ausgeführten Buchmalerei noch vergleichsweise streng und schlicht wirkt, ist das Book of Kells › S. 58 überreich geschmückt.

Anonyme Künstler schufen vielfarbige fantasievolle Fabelwesen, streng blickende Figuren, unzählige, immer neue Ornamente. Die Komplexität der Linienführung erschien den damaligen Zeitgenossen nicht als Menschenwerk, sondern von Engelshand ausgeführt – *traced by angels*.

DA IST MUSIK DRIN

Session im Pub Duke of York, Belfast

In einem Winkel ihrer Dorfkneipe in Mayo sitzen drei ältere Männer. Von dort erhebt sich, über dem Stimmengewirr an der Theke erst allmählich erkennbar, eine Melodie mit gälischem Text. Die anderen Gäste verstummen, und als der Gesang endet, wird nicht geklatscht, aber einige der Anwesenden murmeln ein anerkennendes »grand«. Nun beginnt einer der drei Männer auf seiner Flöte zu spielen. Es folgt ein Reel auf der Fiddle, und daraus werden lange Stunden voll Musik.

DIE SESSION (IRISCH: SEISIÚN)
Eine echte Session kostet weder Eintritt, noch findet sie auf einer Bühne statt. So formlos das auch wirkt, es sind doch bestimmte Regeln einzuhalten: Wer ohne Aufforderung mitklatscht oder gar mitsingt, muss als Mindeststrafe mehr für sein Bier zahlen (Touristenverdacht!).

Unwillen ziehen jene auf sich, die in der Pause zur liegengebliebenen Bodhrán oder Gitarre greifen, um selbst etwas zum Besten zu geben. Wer sich allerdings höflich als kompetenter Musiker vorstellt, wird meist gern in die Runde aufgenommen.

DIE GRALSHÜTER
Über die Tradition der irischen Musik wacht Comhaltas Ceoltóirí Éireann (CCÉ), die Vereinigung irischer Musiker. Ihr großes Verdienst ist das unermüdliche Bemühen um die

Ausbildung junger Iren in ihrer überlieferten Kultur.

Sollten Sie unterwegs sehen, dass eine **Comhaltas Session** angekündigt ist, gehen Sie hin! Dort können Sie die besten jungen Tänzer, Sänger und Instrumentalisten der Region erleben.

Die CCÉ informiert über regionale Tanz-, Gesangs- und Instrumentalwettbewerbe sowie über ihr jährliches Festival *Fleadh Cheoil na hÉireann* mit Final-Wettbewerben, Konzerten und Sessions.

- **Comhaltas Ceoltóirí Éireann** F6
  32 Belgrave Square
  Monkstown | Co. Dublin
  Tel. 01/280 0295
  www.comhaltas.ie

BEKANNTE MUSIKPUBS
Dublin
- **Brazen Head** b2
  20 Bridge Street
  Tel. 01/ 679 5186
  www.brazenhead.com
- **Hughes** c1
  19 Chancery Street
  Tel. 01/872 6540
- **O'Donoghue's** d3
  15 Merrion Row | Tel. 01/660 7194
  www.odonoghues.ie

Killarney
- **Buckley's** B8
  Gehört zum Arbutus Hotel.
  College Street | Tel. 064/31037
  www.arbutuskillarney.com

Galway City
- **Tigh Neachtain** C6
  17 Cross Street | Tel. 091/568 820
  www.tighneachtain.com

- **Monroe's Tavern** C6
  Dominick Street
  Tel. 091/583 397 | www.monroes.ie

Sligo
- **Fureys Sheela Na Gig** C/D2
  Die Besitzer spielen bei »Dervish« mit.
  Bridge Street
  Tel. 071/914 3825

Cork
- **The Lobby Bar** e2
  Weltbekannt für gute, nicht immer traditionelle irische Musik.
  Union Quay | Tel. 021/431 1113

Derry
- **Dungloe Bar** E2
  41–43 Waterloo Street
  Tel. 028/7126 7716
  www.thedungloebar.com
- **Peadar O'Donnells** E2
  63 Waterloo Street | Tel. 028/7126 7295
  www.peadars.com

FÜR ENTDECKUNGEN
- **The Thatch** C4
  Treffpunkt einheimischer Musiker.
  Ballisodare | Co. Sligo
  (ca. 8 km südlich von Sligo Town)
  Tel. 071/916 7288
- **Pepper's Bar** C7
  Sessions jeden Mittwoch.
  Feakle | Co. Clare
  (ca. 35 km nordöstl. von Ennis)
  Tel. 061/924 322
  www.peppersoffeakle.com
- **Kelly's Cellars** b2
  Richtig schlicht, dafür viel Stimmung und viel Musik.
  30/32 Bank Street | Belfast
  Tel. 028/9024 6058
  www.kellyscellars.com

FESTE & VERANSTALTUNGEN

Januar: TradFest in Dublin. Das Kulturviertel Temple Bar lädt in der letzten Januarwoche fünf Tage lang zu über 200 kostenlosen Veranstaltungen, zu Musiksessions in die Pubs und zu Konzerten unter freiem Himmel ein, Straßenkünstler, Dudelsackspieler und Geschichtenerzähler geben sich ein winterliches Stelldichein (www.tradfest.ie).

März: St. Patrick's Day am 17. März Tag des irischen Schutzpatrons; wird zwar besonders heftig von ausgewanderten Iren im Ausland, aber auch in Irland selbst mit Paraden, Prozessionen und viel Bier gefeiert.

April: World Irish Dancing Championships Weltmeisterschaften im irischen Tanz an jährlich wechselnden Austragungsorten.

Mai: Festival of Fools in Belfast – Straßentheater mit Gruppen aus aller Welt und rund 120 Vorstellungen; kostenfrei für alle Besucher (www.foolsfestival.com). **Galway**

Early Music Festival Festspiele alter Musik, deren Veranstaltungen selten auf den Konzertsaal beschränkt bleiben.

Juni: Bloomsday Literary Festival am 16. Juni in Dublin; steht für alle James-Joyce-Fans ganz im Zeichen des Romans »Ulysses« (www.bloomsdayfestival.ie). **Irish Derby The Curragh** Wichtigster Termin der Galoppsportsaison.

Juli: Orangemen's Day am 12. Juli Wichtigster protestantischer Feiertag v. a. in Nordirland mit Paraden in vielen Orten.

August: Dublin Horse Show Wichtigste Veranstaltung im Turniersport (www.dublinhorseshow.com). **Puck Fair** in Killorglin: dreitägiger Viehmarkt und Fest, bei dem ein Ziegenbock zum König des Dorfes gekrönt wird (www.puckfair.ie). **The Ould Lammas Fair** in Ballycastle; traditioneller Jahrmarkt. **Fleadh Ceoil na hÉireann** Gesamtirisches Musikfestival an wechselnden Austragungsorten (www.fleadhcheoil.ie).

Parade am St. Patrick's Day in Dublin

September: Matchmaking Festival of Ireland Heiratsmarkt in Lisdoonvarna (www.matchmakerireland.com). Oyster Festivals in Clarinbridge und Galway City: Austernfeste mit viel Trubel, nicht nur für Gourmets. Dublin Theatre Festival (bis Okt.); Theateraufführungen in allen großen Dubliner Theatern während eines Monats. Oktober: Wexford Opera Festival Internationale Opernstars zu Gast in Wexford. Cork Jazz Festival Regelmäßig Jazz-Größen zu Gast (www.guinnessjazzfestival.com). Ballinasloe Great October Fair Größter Pferde- und Viehmarkt Irlands. Ende Oktober/Anfang November: Das Belfast Festival an der Queen's University in der nordirischen Hauptstadt hat sich zu einem der größten Kunst- und Kulturfestivals der Britischen Inseln entwickelt (www.belfastfestival.com).

ESSEN & TRINKEN

In größeren Städten finden sich genügend Restaurants, die internationalen Ansprüchen genügen oder Spezialitäten anderer Länder servieren.

Die gehobenen Hotels auf dem Land bemühen sich um angemessene Küche, und in jedem Winkel des Landes warten gastronomische Genüsse.

Besucher kommen am engsten in Kontakt mit echt irischer Küche, wenn sie sich in Bed-&-Breakfast-Unterkünften einquartieren oder einen Urlaub auf dem Bauernhof verbringen. Dabei werden sie erfahren können, was immer wieder berichtet wird: Die Iren essen zu viel.

Mit dem Frühstück geht es schon los: Neben den auf den Britischen Inseln üblichen Eiern mit Speck und Würstchen kommen meist *black* und/oder *white pudding* auf den Tisch – gebratene Scheiben einer Blut- bzw. Leberwurst. Dazu gibt es oft selbst gebackenes, krümeliges braunes *soda bread* aus Weizenvollkornmehl, gesalzene Butter und so viel Tee mit Milch, wie man vertragen kann (auf Kaffee muss allerdings auch niemand in Irland verzichten).

Viele Pubs und Restaurants, vor allem auf dem Land, servieren richtige Mahlzeiten nur von etwa 12–14 und 18 bis ca. 22 Uhr.

🗨 NATIONALGERICHT

Das allbekannte *Irish Stew* ist eigentlich ein Oberbegriff für Dutzende von Rezepten für jenes Gericht, das fast überall in Europa für bäuerliche Kochweise auf einer einzigen Feuerstelle typisch ist: Eintopf aus Fleisch und Gemüse. Im Norden der Insel darf das Stew nur aus Hammelfleisch, Kartoffeln und Zwiebeln bestehen, im Süden gibt man gern Karotten dazu, und Fanatiker aus Tipperary bestehen gar darauf, dass Rind- statt Hammelfleisch in den Topf gehöre.

Gute kulinarische Adressen online:

- www.tasteofireland.com bietet u. a. Adressen und Kurzbesprechungen vieler Restaurants.
- www.ireland-guide.com stellt Restaurants und Pubs mit guter Küche aus ganz Irland detailliert vor.

TRADITIONELLE KÜCHE

Die traditionelle Küche stützt sich nach wie vor auf Kartoffeln, wenig Gemüse sowie Schweine-, Hammel- oder Rindfleisch. Dabei ist der Fleischkonsum der Iren gar nicht einmal besonders hoch, abgesehen von Würstchen, Schinken und Speck. Viele Rezepte in älteren Kochbüchern (und in modernen Interpretationen der »guten alten Zeit«) beruhen auf Corned Beef, das mit Weißkohl gekocht oder im Winter mit Muskat, Zimt und anderen Gewürzen als *spiced beef* zubereitet wird.

In Irland werden mehr Frischmilch und Milchprodukte verbraucht als sonst irgendwo in der EU. Dagegen kommt pro Kopf nur halb so viel Fisch auf den Tisch wie bei den Spaniern – erstaunlich für eine Insel im Atlantik. Immerhin wird zumindest in der gehobenen Gastronomie die Vielfalt an Meerestieren weidlich genutzt: Austern und Hummer von der Westküste sowie irischer Lachs sind weltbekannt.

Einige lange vernachlässigte Spezialitäten werden heutzutage wieder häufiger angeboten, zum Beispiel *Crubeens* (Schweinshaxe), *Drisheen* (Black Pudding aus Schafsblut), *Barm Brack* (ein süßes Früchtebrot), *Colcannon* (ein traditionelles Fastengericht aus Kohl, Kartoffeln, Milch, Butter und Zwiebeln) und *Carrageen Pudding* (süßer Milchpudding, bei dem die Milch mit Seetang eingedickt wird).

MEHR ALS FISH'N'CHIPS

- Ganz kommt man in Irland an Fish and Chips nicht vorbei. Am besten im **Beshoff's,** einem Dubliner Traditionsrestaurant, das sich seit 1913 um seine Gäste kümmert. › S. 65
- Der Pier von Howth liegt so dicht am **King Sitric,** dass man den Fisch eigentlich gleich von dort in die Pfanne werfen könnte. Frische Zutaten und einfallsreiche Köche machen die Beliebtheit dieses Restaurants aus. › S. 66
- **The Ivory Tower** in Cork wurde vom *Observer* als eines der besten Restaurants der britischen Inseln gelobt. › S. 95
- In **Aherne's Seafood Restaurant** in Youghal verarbeitet Chefkoch David Fitzgibbon den Fang des Tages zu hochklassigen traditionellen Gerichten mit kreativem Touch. › S. 99
- Kinsale nahe Cork ist als Gourmetstadt in ganz Irland bekannt, und das **Man Friday** ist *das* Fischrestaurant der Stadt. › S. 100

ALKOHOLISCHES

Zwei Getränke mehren das Ansehen Irlands in der Welt: Whiskey und Stout. Das legendäre Schwarzbier der Dubliner Guinness-Brauerei ist allgegenwärtig, aber auch die Konkurrenz aus Cork hat es in sich: »Murphy's« ist nicht so stark gehopft und darum weniger bitter, und von »Beamish« sagt man, es schmecke so, wie Guinness früher einmal war.

Irlands eigenständige Whiskey-Tradition geht auf die Lizenz von Bushmills aus dem Jahr 1608 zurück. Vom schottischen Whisky unterscheidet sich der irische Whiskey (außer durch das »e« im Namen) dadurch, dass er in der Regel drei- statt zweimal in Brennblasen *(pot stills)* destilliert und oft aus ungemälztem Getreide hergestellt wird, was ihn milder macht. Dann hat der Whiskey mindestens fünf Jahre Zeit, um in Eichenfässern zu reifen. In jeder Kneipe der Republik gibt es den köstlichen »Power's«-Whiskey mit seinem hohen Anteil an *pot-still*-Destillat von ungemälzter Gerste.

Als Irland noch als das Armenhaus Europas galt, war vor allem in ländlichen Regionen das Schwarzbrennen von Hochprozentigem weit verbreitet. Aus Kartoffeln stellte ein Großteil der Bevölkerung Poitín her, einen fast farblosen Schnaps. Obwohl seit 1760 verboten, wird der Rachenputzer noch heute – nicht zuletzt aufgrund der hohen Alkoholsteuer – vielerorts privat gebrannt.

Wenn Poitín angeboten wird, sollte man vorsichtig sein. Oft ist der Schnaps (wenn überhaupt) nur stark verdünnt genießbar. Zudem sind immer wieder Warnungen zu hören, schlecht gebrannter Poitín könne blind machen ...

Whiskey reift in Eichenfässern, hier in der Bushmills Distillery in Nordirland

Dass auf dem Rock of Cashel einst eine monumentale Kathedrale stand, kann man selbst der Ruine noch ansehen

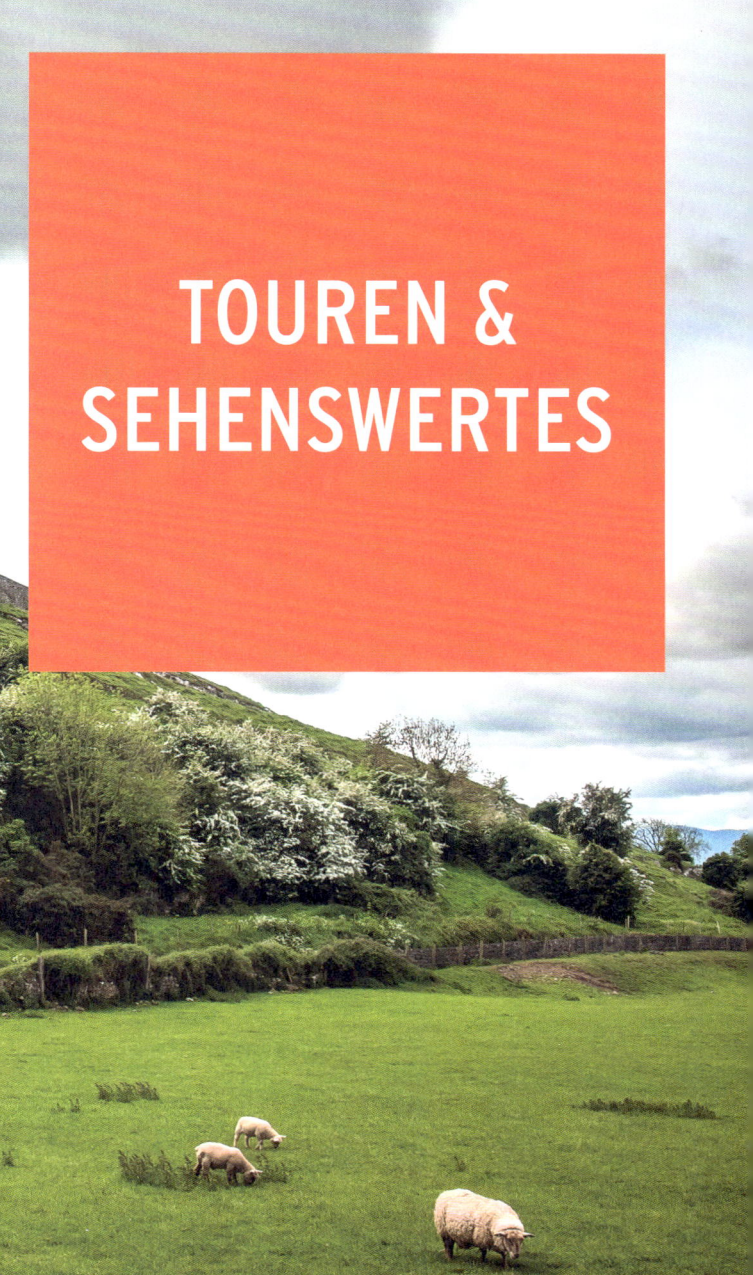

TOUREN & SEHENSWERTES

DUBLIN

30 m hoch ist der Glockenturm
im Trinity College, Dublin

Die Hauptstadt der Republik Irland hat keine einzelnen, alles überragenden Highlights zu bieten, sondern nimmt durch ihre sympathische Mischung aus Großstadtleben, Kulturangeboten, Historie und Erholung für sich ein.

Dublin spielt als Verwaltungs- und Medienzentrum sowie als Magnet für Künstler und Akademiker eine einzigartige Rolle in Irland. Oft ist zu lesen, die Hauptstadt habe mit dem wahren Irland ländlicher Gemütlichkeit nichts gemeinsam. In der Tat ist Dublin kosmopolitischer, aber auch lauter, greller und voller geworden. Doch weist sie weder eine prominente Skyline noch imperiale Boulevards oder eine verwinkelte Altstadt auf.

Etwas aber bietet Dublin von alledem, wobei die Hingucker eher bescheiden verteilt und selten aufdringlich herausgeputzt sind. Bis 1985 wurde alte Bausubstanz oft rücksichtslos abgerissen. Noch in den 1970er-Jahren verschwanden ganze Straßenzüge jener Stadthäuser aus dem 18. Jh., für die Dublin berühmt ist. Glücklicherweise führten Tausendjahrfeier (1988) und Ernennung zur Europäischen Kulturhauptstadt (1991) sowie der Druck von Bürgerinitiativen dazu, dass heute Sanierung und Neubebauung mit mehr Umsicht betrieben werden. Trotzdem verändern große Bauvorhaben Dublin immer noch in rasendem Tempo.

TOUREN DURCH DIE STADT

SÜDLICH DES RIVER LIFFEY

ROUTE: Dublin Castle > Temple Bar > Trinity College > Museen > Merrion Square > St. Stephen's Green > Dublins Kathedralen > Guinness Storehouse

KARTE: Seite 58

DAUER: 4 Std.
PRAKTISCHER HINWEIS:
- Bis auf das etwas abseits liegende Guinness Storehouse sind alle Sehenswürdigkeiten problemlos zu Fuß zu erreichen. Wer trotzdem fußmüde ist, kann auch den »Hop on Hop off Bus« benutzen.

TOUR-START:

Ein guter Ausgangspunkt für die Erkundung der Stadt ist **Dublin Castle** Ⓐ > S. 57, wo auch Führungen angeboten werden. Von hier sind es nur wenige Schritte nach **Temple Bar** > S.57, dem berühmten Amüsierviertel zwischen der Dame Street und der Liffey.

Einige Straßenzüge östlich von Temple Bar steht einer der Prunkbauten Dublins, das **Trinity College** **B** > S. 58, in dessen Bibliothek das legendäre **Book of Kells** > S. 58 aufbewahrt wird. Architektonisch herausragend ist auch das **Powerscourt Townhouse Centre** > S. 59 mit vielen Cafés und Läden.

Nun könnten einige Museumsbesuche folgen: Im **National Museum of Archaeology and History** **C** > S. 60 lässt sich irische Kulturgeschichte erkunden, während in der **National Gallery** **D** > S. 60 Meisterwerke europäischer Kunst, aber auch wichtige Werke irischer Maler zu sehen sind.

Entspannung und Ruhe bieten anschließend die Dubliner Parks. Der kleine **Merrion Square** 🔖 e3 östlich der Museen gilt als der schönste Park aus georgianischer Zeit. Einige schöne alte Häuser säumen auch den weit größeren Park **St. Stephen's Green** **E** > S. 60.

Von hier ist es nicht weit zu den beiden großen mittelalterlichen Kathedrale Dublins, der **St. Patrick's Cathedral** **F** > S. 60 und der **Christ Church Cathedral** **G** > S. 60.

Auf dem Weg zum **Guinness Storehouse** **M** > S. 62, wo man die Tour mit einem Glas des köstlichen dunklen Biers ausklingen lässt, durchquert man **The Liberties,** das reizvolle alte Wohnviertel der Arbeiter der Guinnessbrauerei, wo sich eine ganze Reihe von netten

Antiquitäten- und Kramläden angesiedelt hat. Im Oktober 2007 riefen die Pläne der Stadtverwaltung, das Viertel zum Sanierungsgebiet zu machen, heftige Einwohnerproteste hervor.

NÖRDLICH DES RIVER LIFFEY

ROUTE: Custom House > O'Connell Street > Dublin City Gallery the Hugh Lane > Dublin Writers Museum > Irish Whiskey Corner > National Museum of Decorative Arts and History

KARTE: Seite 58
DAUER: 3–4 Std.
PRAKTISCHER HINWEIS:
• Für den Hinweg benötigt man zu Fuß 3–4 Std., für den Rückweg bietet sich die Fahrt mit der Straßenbahn an.

TOUR-START:

Schon von Weitem erblickt man das imposante **Custom House** **H** > S. 61 am Nordufer der Liffey.

Westlich davon beginnt Dublins Prachtboulevard, die knapp 50 m breite **O'Connell Street** > S. 61, an deren nördlichem Ende, am Parnell Square, sich zwei der Museen auf dieser Tour befinden: die **Dublin City Gallery the Hugh Lane** **J** und das **Dublin Writers Museum** **K** > S. 61.

Auf dem Weg über die Dorset Street nach Süden kommt man an der Henrietta Street mit einstigen Adelsresidenzen und den **Kings Inns** › S. 61 vorbei. Ein Anziehungspunkt für Whiskeyliebhaber ist die **Old Jameson Distillery** 🔴 › S. 62

in der Bow Street westlich der **Four Courts** 🔴 › S. 61. Ein Stück weiter am Fluss entlang in Richtung Westen endet der Spaziergang mit einem Besuch des **National Museum of Decorative Arts and History** › S. 61.

UNTERWEGS IN DUBLIN

DAS ZENTRUM

DUBLIN CASTLE 🅐 ▮ c2/3

Von hier aus wurde Irland jahrhundertelang regiert. Führungen durch Repräsentationsräume und Thronsaal geben Einblick in die Geschichte (tgl. 9.45–17.45 Uhr, letzter Einlass 17.15 Uhr, www.dublincastle.ie).

TEMPLE BAR ⭐ ▮ d2

Zwischen Dame Street und Liffey liegt das Viertel Temple Bar. Seine

Gassen mit Häusern aus dem 17. bis 19. Jh. wurden lange vernachlässigt, doch heute gehört das Viertel mit seinen rund 200 Kneipen und Restaurants zu den Topzielen der Stadt. Ein besonderes Juwel ist das **Irish Film Institute** (6 Eustace St., www.ifi.ie): zwei Kinosäle, Archiv, Buchladen und gute Café-Bar. Von Temple Bar aus führt seit 1816 die hübsche Fußgängerbrücke **Ha'penny Bridge** über die Liffey – sie ist ein Wahrzeichen Dublins.

Café-Bar im Irish Film Institute

TRINITY COLLEGE **B** ⭐ ▮ d2

Die erste Universität Irlands wurde 1592 von Queen Elisabeth I. gegründet. Einen Besuch lohnt allein schon die prachtvolle Bibliothek mit ihrem Bestand an wertvollen alten Büchern (Bibliothek: Mai–Sept. Mo–Sa 8.30–17, So 9.30–17, Okt. bis April Mo–Sa 9.30–17, So 12 bis 16.30 Uhr, www.tcd.ie).

Star der Sammlung ist das rund 1200 Jahre alte, reich geschmückte **Book of Kells** ⭐, eines der schönsten und kunstvollsten Werke der europäischen Buchmalerei. Einmalig sind seine vielfältigen Illustrationen. Mönche auf der schottischen Insel Iona sollen ihre Arbeit an dem Buch unterbrochen haben, um es vor den einfallenden Wikingern nach Irland in Sicherheit zu bringen. Dort wurde das Evangeliar wahrscheinlich im Kloster Kells vollendet.

Am Haupteingang am College Green starten Juni–Okt tgl. zwischen 9.15 und 16 Uhr (April, Mai Mo–Sa 10.15–14, So 11.30 bis

TOUREN IN DUBLIN

TOUR ❶ SÜDLICH DES RIVER LIFFEY
- **A** Dublin Castle
- **B** Trinity College
- **C** National Museum of Archaeology and History
- **D** National Gallery
- **E** St. Stephen's Green
- **F** St. Patrick's Cathedral
- **G** Christ Church Cathedral
- **M** Guinness Storehouse

TOUR ❷ NÖRDLICH DES RIVER LIFFEY
- **H** Custom House
- **I** Four Courts
- **J** Gallery the Hugh Lane
- **K** Dublin Writers Museum
- **L** Old Jameson Distillery

15.40 Uhr) mehrmals pro Stunde knapp 40-minütige **Führungen** durch das Trinity College samt Besichtigung des Book of Kells.

SHOPPING

Celtic Note in der Nassau Street bietet eine Riesenauswahl an irischer Musik. Außerdem ballen sich hier die Läden, die auf gehobenes irisches Kunstgewerbe spezialisiert sind: **Kilkenny Design Centre, Blarney Woollen Mills, House of Ireland.** Dublins elegantestes Einkaufsviertel ist die Fußgängerzone der **Grafton Street** z. B. mit

dem Kaufhaus **Brown Thomas** (Nr. 88–95). Auch in den Nebenstraßen warten verführerische Geschäfte und Boutiquen.

POWERSCOURT CENTRE 📗 d3

Das Powerscourt Townhouse Centre mit Cafés, Galerien und Designerläden wurde in ein entkerntes Stadthaus des 18. Jhs. hineingebaut (www.powerscourtcentre.com).

Nebenan im **City Assembly House** sind Wechselausstellungen zu sehen; mitunter finden auch Konzerte statt.

DIE GROSSEN MUSEEN

Irische Kulturgeschichte in all ihrer Pracht zeigt das **National Museum of Archaeology and History** ⓒ ⭐ ▣ d3 anhand der berühmtesten keltischen Metallarbeiten.

Überaus sehenswert und gut präsentiert sind auch die prähistorischen Goldarbeiten, die Funde aus der Wikingerzeit sowie die mittelalterlichen Exponate (Di–Sa 10 bis 17 Uhr, So 14–17 Uhr, Eintritt frei; www.museum.ie).

Die **National Gallery** ⒹⒼ ⭐ ▣ e3 hütet neben Meisterwerken europäischer Kunst (Tizian, Caravaggio, Rembrandt, Goya, Monet, van Gogh, Picasso …) eine Sammlung mit vielen wichtigen Gemälden irischer Maler aus dem 17. bis ins 20. Jh. (Mo–Sa 9.15–17.30, Do bis 20.30, So 11–17.30 Uhr, Eintritt frei; www.nationalgallery.ie). › mehr S. 16 Punkt ㉕

Das **National Museum of Natural History** ▣ e3 zeigt in seinem beeindruckenden viktorianischen Gebäude an der Merrion Street die großen Sammlungen irischer und eingeführter Land- und Wasserbewohner. Die unterste Etage widmet sich der heimischen Flora und Fauna, im ersten Stockwerk sind exotische Tiere ausgestellt. (Di–Sa 10 bis 17, So 14–17 Uhr, Eintritt frei; www.museum.ie).

ST. STEPHEN'S GREEN Ⓔ ⭐ ▣ d3

Am Südende der Grafton Street beginnt der 11 ha große Park mit schöner Bebauung rundherum. In den 1960er- und 70er-Jahren wurden mehrere der georgianischen Häuser abgerissen, sodass man nun die modernen Bauten westlich des Parks mit den Imitaten vergangener Eleganz an der Ostseite und den Originalbauten vergleichen kann.

Im Innern des Parks stehen mehrere Statuen berühmter Dubliner wie James Joyce oder William Butler Yeats, an seinem nordwestlichen Eingang erhebt sich der Triumphbogen **Fuselier's Arch.**

DUBLINS KATHEDRALEN

Die Anfänge der **St. Patrick's Cathedral** Ⓕ ▣ c3 reichen in das 12. Jh. zurück, doch in der heutigen (gotischen) Form wurde sie 1220 bis 1270 erbaut. Die Kathedrale entstand als katholische Kirche, wurde aber während der *Protestant Ascendancy* im 18. Jh. anglikanisch.

Die zweite große mittelalterliche Kathedrale Dublins ist die heute ebenfalls anglikanische **Christ Church Cathedral** Ⓖ ▣ c2. Sie wurde zwischen 1173 und 1220 errichtet, dann aber 1875 weitgehend umgebaut; die ursprüngliche Krypta und das Südportal blieben jedoch erhalten.

Informationen über die Geschichte der beiden Kathedralen und die Entstehung der Stadt von der Ankunft der Anglonormannen 1170 bis zur Reformation um 1540 vermittelt gegenüber der Christ Church Cathedral in der Synod Hall die multimediale Ausstellung **Dublinia** (März–Sept tgl. 10–18.30, sonst bis 16.30 Uhr, www.dublinia. ie; Führungen schließen die Besichtigung der Kathedrale mit ein).

NÖRDLICH DER LIFFEY

Am Nordufer erhebt sich das eindrucksvolle klassizistische **Custom House** 🄷 ▮ d/e2.

Von ihrer Anlage her ist Dublins Prachtboulevard die **O'Connell Street** ▮ d1/2, was mit zahlreichen Statuen irischer Patrioten unterstrichen wird, doch macht die Straße einen etwas biederen Eindruck. Ähnliches gilt auch für die Einkaufsstraßen um **Henry** und **Moore Street** ▮ d1 mit Dublins größtem Obst- und Gemüsemarkt. Auf der O'Connell Street ragt das modernste Wahrzeichen der Stadt, die nachts beleuchtete Metallnadel **The Spire** ▮ d1 120 m hoch empor. Am Fuß misst sie 3 m im Querschnitt, an der Spitze nur noch 15 cm.

Ein weiterer interessanter Bau steht an der Henrietta Street: **Kings Inns** ▮ c1. Entworfen wurde er von James Gandon (1743–1823), der auch das Custom House und das Gerichtsgebäude am Inns Quay, die **Four Courts** 🄸 ▮ c2, baute.

MUSEEN

Am Ende der Upper O'Connell Street wurden am **Parnell Square** zwei der schönen Stadthäuser an der Nordseite des Platzes in Museen umgewandelt.

Im Charlemont House zeigt die **Dublin City Gallery the Hugh Lane** 🄹 ▮ c1 bedeutende europäische Kunst des 19. und 20. Jhs. sowie neuere irische Werke, u. a. von Michael Farrell und Robert Ballagh; außerdem ist eine originalgetreue Rekonstruktion des Studios von Francis Bacon zu sehen (Di–Do 9.45–18, Fr 9.45–17, Sa 10–17, So 11–17 Uhr, Eintritt frei; www.hughlane.ie).

Nr. 18, einige Häuser weiter, beherbergt das **Dublin Writers Museum** 🄺 ▮ c/d1 Memorabilien berühmter Schriftsteller wie Yeats, Shaw und Beckett, dazu kommen Lesesaal, Buchladen und Café (Mo bis Sa 9.45–16.45, So 11–16.45 Uhr; www.writersmuseum.com).

Im **National Museum of Decorative Arts and History** a/b2, unter-

---

💬 AUF DEN SPUREN VON JAMES JOYCE UND »ULYSSES«

Für literarisch Interessierte ist es faszinierend, den Protagonisten des »Ulysses«, Stephen Daedalus, Leopold und Molly Bloom, durch den 16. Juni 1904 zu folgen. Der im Roman beschriebene Tag im Leben Dublins wird jedes Jahr mit Lesungen, Kostümierung und Besäufnissen als »Bloomsday« gefeiert.

Im Haus 35 North Great St. George's Street östlich des Parnell Square unterhält das **James Joyce Centre** ▮ d1 ein kleines Museum und veranstaltet u. a. Rundgänge durch Joyce's Dublin (Tel. 01/878 8547, www.jamesjoyce.ie). Das schön gelegene **James Joyce Museum** ▮ G6 im Joyce Tower, Sandycove bei Dun Laoghaire, steckt voller Memorabilien (tgl. 10–18, im Winter bis 16 Uhr, www.jamesjoycetower.com, S-Bahn DART, Busse Nr. 7 und 7 A Dublin–Dun Laoghaire, dann Bus Nr. 59).

gebracht in den Anfang des 18. Jhs. erbauten Collins Barracks, wird auch die militärische Geschichte der letzten Jahrhunderte beleuchtet (Benburb Street, Di–Sa 10–17, So 14 bis 17 Uhr, www.museum.ie).

Wer mehr über das Leben der berühmten Literaten erfahren möchte, sollte sich nach dem **Literary Pub Crawl** erkundigen. Zwei Schauspieler führen von Kneipe zu Kneipe, rezitieren, singen und erzählen Anekdoten aus dem Leben berühmter Iren (April–Okt. tgl., Nov.–März Do–So um 19.30 Uhr im »Duke's«,

---

IRLANDS SCHÖNSTE MÄRKTE

- Foodies treffen sich am **Temple Bar Food Market** d2 in Dublin (Sa 10–16 Uhr, www.templebar.ie/ markets).
- Überall in Irland finden Bauernmärkte statt. Zu den ältesten gehört der **Leopardstown Farmers Market** F5/6 an der gleichnamigen Pferderennbahn in Dublin (Fr 10–16 Uhr, www.irishfarmers markets.ie).
- In der dritten Augustwoche (Do bis So) findet in Clifden das **Connemara Pony Festival** B5 statt. Besonders interessant ist der Ponymarkt am Sonntag.
- In Limerick lockt der **Milk Market** C7 nicht nur mit frischem regionalen Gemüse, Fleisch und Käse, sondern auch mit guter Stimmung und oft Straßenmusik (Fr–So, www. milkmarketlimerick.ie).

Duke Street, Tel. 01/670 5602; Tickets im Duke's ab 19 Uhr, bei Dublin Tourism › S. 63 und unter www.dublinpubcrawl.com).

WHISKEY UND GUINNESS

In der Bow Street westlich der Four Courts ist die ehemalige Brennerei der **Old Jameson Distillery** ⬤ 🔖 b2 zu besichtigen, ein Besucherzentrum und Museum des größten irischen Whiskeyherstellers. Nach der Führung bekommen Sie auch eine Kostprobe des Lebenswassers. › mehr S. 14 Punkt **17**

Wer auf dem Arran/Ellis Quay ein Stück am Fluss weitergeht und ihn dann auf der Rory O'More Bridge überquert, sieht schon die Guinness-Brauerei. Das Besucherzentrum **Guinness Storehouse** ⬤ 🔖 b3 informiert über die lange Geschichte des Unternehmens und führt multimedial den Herstellungsprozess vor. Ein Glas der Hausmarke ist im Eintrittspreis enthalten (tgl. 9.30–19, Juli/Aug. bis 20 Uhr; Ticket online ab 18,50 €; www.guinness-storehouse.com). › mehr S. 14 Punkt **13**

AUSSERHALB DES ZENTRUMS

NATIONAL BOTANIC GARDENS

Im nördlichen Vorort Glasnevin (Dublin 9) bieten die ab 1795 angelegten großzügigen Gärten mit ihrer Pflanzenvielfalt und wunderbaren Gewächshäusern aus dem 19. Jh. Gelegenheit, sich ein paar Stunden

In diesen kupfernen Brennblasen wurde in der Old Jameson Distillery Whiskey gebrannt

Ruhe im Grünen zu gönnen (März bis Okt. Mo–Fr 9–17, Sa, So 10–18, Nov.–Feb. nur bis 16.30 Uhr; Buslinien Nr. 4, 9 und 83; Tel. 01/804 0300, www.botanicgardens.ie).

PHOENIX PARK

Wer stadtmüde ist, gönnt sich einen Ausflug zum Phoenix Park, mit über 700 ha der größte eingezäunte Stadtpark Europas. Der Zaun ist nötig, um die rund 300 Hirsche im Gelände zu halten.

Einst königliches Jagdrevier, ist der Park heute ein beliebtes Ausflugsziel der Dubliner. Zu sehen gibt es die **Residenz des Staatspräsidenten** und den **Zoo.** Den Picknickkorb nicht vergessen! (Dublin 8, Tel. 01/820 5800, Eintritt frei.)

INFO

Dublin Tourism 📖 d2
- 25 Suffolk St. | Dublin 2
  Tel. 01/850 230 330
  www.visitdublin.com
  Mo–Sa 9–17.30, So 10.30–15 Uhr; Infos, Pläne und Stadtführer (auch deutsch).

Weitere Tourist Information Offices:
- 14 Upper O'Connell St., Dublin 1
- im Flughafen
- am Fährterminal in Dun Laoghaire.

VERKEHRSMITTEL

- **Flughafen:** Dublin Airport 10 km nördlich (www.dublinairport.com); Airlink und Aircoach Service direkt in kurzen Abständen von/nach Dublin City Centre zum Bahn- bzw. Busbahnhof; die regulären Buslinien sind allerdings billiger (Tel. 01/873 4222; www.dublinbus.ie).

💬 SPARTIPP

Der **Dublin Pass,** erhältlich für 1, 2, 3 oder 5 Tage, gewährt freien Eintritt zu mehr als 30 Sehenswürdigkeiten sowie weitere Ermäßigungen.
- www.dublinpass.ie

- **Bahnhöfe:** Connolly Station, Amiens St.: Züge nach Norden und Nordwesten (Belfast, Sligo). Heuston Station, Kingsbridge: Züge nach Westen und Süden (Galway, Cork). Fahrplaninfo Tel. 01/836 6222; www.irishrail.ie.
- Die **S-Bahn DART** (Dublin Area Rapid Transit; Tel. 01/703 3504; www.irishrail.ie/about-us/services/dart-commuter) verbindet die Dubliner Innenstadt mit den Küstenvororten.
- **Straßenbahn:** Es gibt zwei Linien, die Red Line (Connolly–Tallaght) und die Green Line (St. Stephen's Green–Sandyford); Infos: LUAS, Tel. 1850/300 604, www.luas.ie.
- **Stadtbusse:** Dublin Bus/Bus Atha Cliath, 59 O'Connell Street, Tel. 01/873 4222, www.dublinbus.ie (Fahrpläne, Tages- u. Wochenkarten); dichtes Nahverkehrsnetz, die Zielangabe *An Lár* bedeutet Stadtzentrum.
- **Fernbusse:** Der Busbahnhof Busáras liegt in der Store Street hinter dem Custom House (Bus Éireann, Fahrplaninfo: Tel. 1850/836 611, www.buseireann.ie).

HOTELS

Hotelübersicht mit Kartenfunktion und Links zur Buchung: www.visitdublin.com/see-do/accommodation.

Clarence €€–€€€ c2

Stilvoll-modernes Boutiquehotel mit 50 individuell gestalteten Zimmern, im Besitz der irischen Rockband U2.
- 6–8 Wellington Quay | Dublin 2
  Tel. 01/407 0800 | www.theclarence.ie

Grafton House €€ 🛏 c3

Freundliches B & B nahe der City Hall mit zwölf gut ausgestatteten Zimmern.
- 26–27 South Great George's Street
  Dublin 2 | Tel. 01/648 0025
  www.graftonguesthouse.com

Staunton's on the Green
€€ 🛏 d3

Elegantes Guesthouse von 1750 mit eigenem Garten.
- 83 St. Stephen's Green | Dublin 2
  Tel. 01/478 2300
  www.stauntonsonthegreen.ie

💬 **NICHT NUR U2**

Nach Dublin pilgern nicht nur Freunde der Folkmusik, die Stadt ist auch eine der großen Pop- und Rockmetropolen Europas. Natürlich sind in Irland schon immer Bands gebildet, verschlissen und aufgelöst worden, aber erst mit dem Riesenerfolg von U2 wurde Dublin im Bewusstsein der Weltpresse zum Phänomen. Dazu haben U2 selbst nicht unerheblich beigetragen, indem sie immer wieder stolz auf ihre Herkunft verwiesen und gezielt Dubliner Bands förderten. Ihre legendäre 40-jährige Bandgeschichte wird seit 2014 unterhaltsam und eindrucksvoll im Little Museum of Dublin dokumentiert (www.littlemuseum.ie).

Wer sich für die Szene interessiert, sollte sich ein Stadtmagazin oder die Musikzeitschrift »Hot Press« besorgen und nach Gigs von einheimischen Gruppen schauen. Die Klubszene wechselt ständig (aktuelle Infos im Internet, z. B. unter www.visitdublin.com oder www.hotpress.com/whatson).

The Townhouse €–€€ 🔲 d1
Vielfach empfohlenes, sehr gepflegtes
Guesthouse nördlich des River Liffey.
• 47–48 Lower Gardiner Street | Dublin 1
  Tel. 01/878 8808
  www.townhouseofdublin.com

Clifden Guesthouse €
Renoviertes georgianisches Guesthouse,
15 Zimmer (nur Nichtraucher), offener
Kamin im Aufenthaltsraum.
• 32 Gardiner Place | Dublin 1
  Tel. 01/874 6364
  www.clifdenhouse.com

RESTAURANTS
Café en Seine €€€ 🔲 d3
Wunderschönes Art-déco-Café und Restaurant, abends Pub mit Livemusik.
• 40 Dawson Street | Dublin 2
  Tel. 01/677 4567
  www.cafeenseine.ie

Chapter One €€€ 🔲 c1
Eines der besten Restaurants der Stadt,
seit 2007 mit einem Michelinstern deko-
riert. Geöffnet Di–Fr 12.30–14 und Di–Sa
19.30–22.30 Uhr.
• 18–19 Parnell Square | Dublin 1
  Tel. 01/873 2266
  www.chapteronerestaurant.com

Elephant & Castle €€ 🔲 d2
Große Salate, Hamburger und Sandwiches
sowie Grillgerichte. Sa und So Brunch.
> mehr S. 14 Punkt ⑭
• 18 Temple Bar | Dublin 2
  Tel. 01/679 3121
  www.elephantandcastle.ie

Beshoff's € 🔲 d1
Tradition in der dritten Generation seit
1913, erstklassige Fish'n'Chips.

Abends im Ausgehviertel Temple Bar

• 6 Upper O'Connell Street | Dublin 1
  Tel. 01/872 4400
  www.beshoffrestaurant.com

Blazing Salads € 🔲 d3
Gefällt mit einfallsreicher vegetarischer
Küche. So geschl.
• 42 Drury Street | Dublin 2
  Tel. 01/671 9552
  www.blazingsalads.com

PUBS
Davy Byrne's €€ 🔲 d3
In »Ulysses« wird geschildert, wie Leopold
Bloom hier einkehrt; heute relativ teuer,
aber mit anständigem Essen.
• 21 Duke Street | Dublin 2
  Tel. 01/677 5217
  www.davybyrnes.com

O'Donoghue's €€ 🔲 d3
Legendär! Dublins berühmtester Folk-
musik-Pub mit regelmäßigen Livesessions.
Auch Zimmervermietung.

- 15 Merrion Row | Dublin 2
  Tel. 01/660 7194
  www.odonoghues.ie

The Stag's Head €–€€ 📖 d2
Schön und alt, freundliche Atmosphäre,
gutes Essen, kurzum: eine wahre Freude.
- 1 Dame Court | Dublin 2
  Tel. 01/679 3687
  www.louisfitzgerald.com/stagshead

Mulligan's € 📖 d2
Zapft angeblich das beste Guinness
der Welt.
- 8 Poolbeg Street | Dublin 2
  Tel. 01/677 5582 | www.mulligans.ie

AUSFLÜGE AB DUBLIN

HOWTH 📖 G5
Noch bevor man Howth, die nörd-
liche Endstation der Dubliner Vor-
ortbahn DART, erreicht hat, ziehen
einen die Rhododendren in den
Gärten von Howth Castle in den
Bann (das Schloss selbst ist nicht
zugänglich). Das hübsche Städtchen
mit seinen steil zum Wasser hin
abfallenden Straßen macht einen
wohlhabenden Eindruck: Im einstigen Fährhafen liegen nun die Jach-
ten und Segelboote der Großstädter.
Aber von hier läuft auch immer
noch die größte Fischereiflotte Irlands aus. Wer gut zu Fuß ist, kann
die gesamte Halbinsel in 2–3 Std.
umrunden. › mehr S. 13 Punkt ❾

Bei einem Bootsausflug zur
Howth vorgelagerten Vogelinsel
Ireland's Eye wird man an einem
Martello Tower an Land gesetzt.
Diese runden Küstenforts aus dem
frühen 19. Jh., als das britische Em-
pire eine Invasion Napoleons fürch-
tete, sind an der irischen Ostküste
häufig zu finden.

Bis auf die Ruine eines frühchristlichen Klosters (6. Jh.) ist dies
das einzige Bauwerk auf dem Inselchen, das ansonsten großen Kolo-
nien von Lummen, Tordalken,
Eissturmvögeln, Kormoranen und
Möwen vorbehalten ist.

King Sitric €€€
Die perfekten Fischgerichte locken sogar
Gäste aus Dublin hierher. Auch Gästezimmer. Restaurant Mi–Sa ab 18.30 Uhr, So 13
bis 17; die East Café Bar ist tgl. ab 10.30 Uhr
geöffnet.
- East Pier | Howth
  Tel. 01/ 832 5235
  www.kingsitric.ie

MALAHIDE CASTLE 📖 F5
Von Dublin in Richtung Norden
kommt man entlang der Küste zum
Malahide Castle, das knapp 800 Jahre lang Sitz der Adelsfamilie Talbot
de Malahide war und in einem weitläufigen Parkgelände liegt.

Nach dem Tod des letzten Lord
Talbot übernahm das Dublin County Council das Schloss und zeigt
dort heute eine Kollektion von Porträts aus den Sammlungen der National Gallery, z. B. Werke von Ho-
garth, Lely, Romney und van Dyck.
In dem vor 50 Jahren angelegten,
knapp 9 ha großen **Botanischen
Garten** gedeihen exotische Pflanzen aus Südamerika und Aus-
tralasien (ganzjährig tgl. 9.30 bis
17.30 Uhr, Tel. 01/816 9538, www.
malahidecastleandgardens.ie).

ZENTRUM & OSTKÜSTE

Lindenallee in Castledermot
in County Kildare

Grünes Bauernland, Klosterruinen und Megalith-gräber ergeben ein echt irisches Kaleidoskop. Die Wicklow Mountains laden zum Wandern ein, der Shannon zu Bootsausflügen und der Boyne zum Lachsfischen.

Die Midlands sind die Wiege der keltischen und irischen Geschichte. Auf wenig befahrenen Nebenstraßen lässt sich die grüne Mitte Irlands stressfrei erkunden. In dieser eher undramatischen Landschaft mit Farmen, Hügeln und Torfmooren befinden sich einige der bedeutendsten Kulturdenkmäler des Landes. Eindrucksvolle Megalithgräber wie Newgrange und das frühchrist-liche Zentrum Irlands, Clonmac-noise, sind Höhepunkte jeder Irland-reise. Auch zu eigenen Aktivitäten wird man angeregt: zum Lachsfi-schen im Boyne, zu Bootsauflügen auf dem Shannon, zum Reiten oder zum Golfspielen. Konkurrenzlos für Wanderer sind die Wicklow Mountains nahe der Ostküste. Im relativ sonnigen und trockenen Süden erstrecken sich schöne Strände.

TOUREN IN DER REGION

TOUR
3

SEHENSWERTES SÜDLICH VON DUBLIN

ROUTE: Dublin > Dalkey > Powers-court Estate > Wicklow Mountains > Glendalough > Dublin

---

KARTE: Seite 69
DAUER: 1 Tag
PRAKTISCHER HINWEIS:
• Am Wochenende sind die Straßen aus Dublin heraus oft voll. Auch die Wicklow Mountains sind dann stark frequentiert, deshalb besser auf die Wochenmitte ausweichen.

TOUR-START:
Verlässt man Dublin Richtung Süden, passiert man das Küstenstädt-chen **Dalkey** 🏴 G6, das einst Hafen für Schiffe nach England war.

Im nahen **Sandycove** 🏴 G6 können James-Joyce-Fans das Museum im Martello Tower besuchen oder im Forty Foot Pool ein Bad nehmen. Hier treffen sich das ganze Jahr über abgehärtete Schwimmer und ver-gnügen sich für einige Minuten im eiskalten Wasser.

Bevor es in die Wicklow Moun-tains geht, ist ein Besuch von **Pow-erscourt Estate** **8** > S. 76 Pflicht. Das stattliche Herrenhaus und die weitläufige Parkanlage lohnen ei-nen längeren Aufenthalt. Mit guter Küche und famoser Aussicht lockt das Powerscourt Terrace Café.

TOUREN IM ZENTRUM UND AN DER OSTKÜSTE

TOUR 3 **SEHENSWERTES SÜDLICH VON DUBLIN** Dublin > Dalkey > Powerscourt Estate > Wicklow Mountains > Glendalough > Dublin

TOUR 4 **VON DUBLIN NACH NORDEN** Dublin > Hill of Tara > Newgrange > Schlachtfeld am Fluss Boyne > Monasterboice > Malahide Castle > Howth > Dublin

TOUR 5 **RUND UM ATHLONE** Athlone > Clonmacnoise > Tullamore > Charleville Castle > Athlone

Nun fährt man ein gutes Stück durch die **Wicklow Mountains** **10** › S. 77, die selbst Autotouristen zu kurzen Wanderungen animieren. Wer Zeit hat, kann hier eine ganze Woche lang auf dem **Wicklow Way,** Irlands längster Wanderroute, unterwegs sein.

Ein weiterer Höhepunkt ist der Besuch des frühchristlichen Klosters **Glendalough** **11** › S. 77, bevor es auf den engen und kurvigen Straßen des County Wicklow wieder zurück nach Dublin geht.

TOUR
4

VON DUBLIN NACH NORDEN

ROUTE: Dublin › Hill of Tara › Newgrange › Schlachtfeld am Fluss Boyne › Monasterboice › Malahide Castle › Howth › Dublin

KARTE: Seite 69
DAUER: 1 Tag
PRAKTISCHER HINWEIS:
• Diese Tour kann man problemlos mit der vorherigen zu einer Zweitagestour kombinieren.

TOUR-START:

Auch diese Tour beginnt im üblichen dichten Autoverkehr Dublins, der sich noch ein gutes Stück in Richtung Norden fortsetzt. Doch schon bevor man das erste Ziel, den Hill of Tara, erreicht, wird es auf den Straßen deutlich ruhiger. Die gesamte Tour führt zu höchst unterschiedlichen Schauplätzen, die aber alle wichtigen Momente der langen irischen Geschichte beleuchten.

Der **Hill of Tara** › S. 74, heute ein eher unscheinbarer Hügel, soll einst der Sitz der irischen Hochkönige gewesen sein. Im Besucherzentrum erfährt man Einzelheiten.

Das nächste Ziel, **Newgrange** **4** › S. 73, ist älter als die Pyramiden von Gizeh oder der Steinkreis von Stonehenge und besteht aus einem Grabhügel von beeindruckender Größe. Im Inneren erwartet die im Sommer sehr zahlreichen Besucher eine mystische Grabkammer.

Auf dem **Schlachtfeld am Fluss Boyne** **3** › S. 73 fand im Jahr 1690 die Battle of the Boyne statt, die Englands Herrschaft festigte und für die Iren auch heute noch von großer Bedeutung ist.

Monasterboice **1** › S. 71, eine Klosteranlage aus dem 5. oder 6 Jh., liegt zwar großteils in Ruinen, doch der Rundturm und insbesondere die Hochkreuze lohnen den Besuch allemal.

Auf Ausflüger aus Dublin trifft man beim **Malahide Castle** › S. 66, einem Schloss wie aus dem Bilderbuch samt einem üppig blühenden botanischen Garten.

Nach so viel geballter Geschichte bietet **Howth** › S. 66 pure Entspannung, vor allem bei einem Spaziergang auf dem Klippenweg. Fischliebhaber kehren danach direkt am Pier in das hochgelobte Restaurant **King Sitric** › S. 66 ein, bevor es zurück nach Dublin geht.

RUND UM ATHLONE

ROUTE: Athlone › Clonmacnoise › Tullamore › Charleville Castle › Athlone

KARTE: Seite 69
DAUER: 1 Tag
PRAKTISCHER HINWEIS:
• Wer noch Zeit hat, kann diese Tour um eine Bootsfahrt auf dem Shannon ergänzen › S. 82.

TOUR-START:

Athlone 18 › S. 84 ist ein eher untergeordnetes Touristenziel, es sei denn, man möchte sich als Freizeitkapitän betätigen. Denn die Stadt breitet sich zu beiden Seiten des Shannon aus und bietet dadurch vielfältige Möglichkeiten für Bootsausflüge. Südlich von Athlone wartet dann am Ufer des Shannon die erste wirkliche Sehenswürdigkeit: die Reste des Klosters **Clonmacnoise 19** › S. 85. Die von einer Mauer umgebene Anlage ist auch heute noch in einem erstaunlich guten Zustand. So muss man nur wenig Fantasie aufbringen, um sich vorzustellen, wie Mönche aus ganz Europa einst hierher kamen, um unter Gleichgesinnten zu studieren und ihren Glauben zu praktizieren.

Whiskeyliebhaber werden sich auf das nächste Ziel, **Tullamore 20** › S. 86, ganz besonders freuen, denn aus dem gleichnamigen Ort stammt der bekannte »Tullamore Dew«. Eine Führung durch die Brennerei aus dem 18. Jh. ist aber nicht nur für Whiskeykenner ein Erlebnis.

Auf der Rückfahrt nach Athlone führt ein kurzer Abstecher westlich von Tullamore zum **Charleville Castle** › S. 86, das man mit Fug und Recht als Märchenschloss bezeichnen kann.

UNTERWEGS IN DER REGION

MONASTERBOICE 1 📖 F4

Acker- und Weideland umgeben die Reste des einst bedeutenden, im Frühmittelalter gegründeten und 1097 aufgegebenen Klosters Monasterboice: ein (immer noch benutzter) Friedhof, zwei Kirchenruinen, ein über 30 m hoher Rundturm und drei Hochkreuze, von denen vor allem **Muirdach's Cross** zu den herausragenden Beispielen keltischer Kunst zählt (von Sonnenauf- bis Sonnenuntergang, Eintritt frei).

DROGHEDA 2 📖 F5

Die Stadt liegt zu beiden Seiten des Flusses Boyne, 5 km landeinwärts von seiner Mündung in die Irische See. Malerisch ist der Stadtkern mit schmalen Straßen und verwinkelten

GRATIS ENTDECKEN

- Irland ist ein Traumland für Museumsfreunde. Alle staatlichen Museen gewähren freien Eintritt, in Dublin u. a. das **National History Museum,** die **National Gallery,** das **National Museum of Natural History** (alle > S. 60), das **Museum of Modern Art** (Military Road), die **Chester Beatty Library** c3 und die **Hugh Lane Gallery** > S. 61. Auch viele städtische Museen verlangen keinen Eintritt, wie beispielsweise das **Galway City Museum** > S. 117.
- **Delfin-Watching:** Fungie ist der berühmteste Delfin Irlands. Er lebt im und um das Hafenbecken von Dingle herum > S. 106. Dort ist er fast jeden Tag zu sehen, und inzwischen hat man ihm im Ort sogar ein Denkmal gesetzt.
- Die **Puck Fair** in Killorglin B8 ist das älteste Fest in Irland. Seit fast 400 Jahren wird hier zwischen dem 10. und 12. August gefeiert. Umzüge, Feuerwerke und Konzerte – alles kostenlos.
- Betörende Düfte wehen über die Felder der **Wexford Lavender Farm** F7. Hier kann man Auge und Nase verwöhnen und erfährt zudem alles Wissenswerte über die Geschichte des Lavendels. Trotzdem: Wer nur gucken und nicht kaufen will, ist kostenlos mit dabei (Coolnaglose, Inch, Gorey, Co. Wexford, www.wexford lavenderfarm.com).

Gassen aus dem Mittelalter. Zahlreiche Restaurants und noch mehr Pubs mit regelmäßigen Live-Events lassen abends keine Langeweile aufkommen. Vor allem das hübsche Viertel um West Street und Lawrence Street mit dem mächtigen **St. Laurence Gate** (13. Jh.) nördlich des Boyne lohnt einen Besuch.

Südlich des Flusses erhebt sich der **Millmount,** der möglicherweise als prähistorischer Grabhügel entstanden ist. Vom Martello-Turm hat man einen guten Blick über die Stadt. Neben Kunstgewerbeläden und einem Restaurant befindet sich auf dem Kasernengelände auch ein Museum, das Ausstellungen zur Stadtgeschichte zeigt. Auch Oliver Cromwells Belagerung von Drogheda und die Boyne-Schlacht werden erläutert (Mo–Sa 10–17.30 Uhr, So 14–17 Uhr, www.millmount.net).

Südlich von Drogheda lockt das Küstenstädtchen **Laytown** Golfer wie Windsurfer an.

Naturfreunde zieht es zum **Sonairte National Ecology Centre,** dem nationalen Ökologiezentrum am Flussufer mit Bauernmärkten, Ausstellungen, Bienenmuseum, Naturlehrpfad und Biogarten (Tel. 041/982 7572, www.sonairte.ie)

Zwischen Laytown und Bettystown an der Straße nach Drogheda werden im Juli und August am Strand offizielle **Pferderennen** ausgetragen.

INFO

Tourist Information Office
- West Street | Drogheda
  Tel. 041/987 2843 | www.drogheda.ie

Der mächtige prähistorische Grabhügel von Newgrange im Tal des Boyne

SCHLACHTFELD AM FLUSS BOYNE 3 📱 F5

An der Straße nach Slane (N 51) kommt man etwa 8 km westlich von Drogheda am Schauplatz der Schlacht am Boyne vorbei. Die Stelle ist heute als Oldbridge bekannt, denn beim Schlachtfeld, das vom abgebrochenen Stumpf eines Obelisken markiert wird, führt eine Brücke über den Fluss (Visitor Centre tgl. Mai–Sept. 10–17, sonst 9 bis 16 Uhr; www.battleoftheboyne.ie).

Der Hintergrund: Englands im Jahr 1688 vertriebener katholischer Ex-König Jakob II. war nach Frankreich geflüchtet und dann mit einer Armee in Irland gelandet. Er hoffte, ein wiedererstarktes katholisches Irland als Machtbasis zur Rückeroberung seines Throns nutzen zu

können. Anfang Juli 1690 trat ihm sein Nachfolger in London, Wilhelm III. von Oranien, mit seinem Heer am Boyne entgegen und zwang ihn nach wechselhaftem Verlauf der Schlacht zur Flucht. *The Battle of the Boyne* hat für die nordirischen Protestanten Symbolcharakter: Der Jahrestag wird alljährlich mit Aufmärschen des nach dem Hause Oranien benannten »Orange Order« begangen.

NEWGRANGE UND KNOWTH 4 📱 F5

In einer Biegung des Flusses Boyne liegt die beeindruckendste prähistorische Grabanlage Irlands. **Brú na Bóinne** heißt »Palast am Boyne«: Unter diesem Namen ist die Ansammlung von über 5000 Jahre alten Gräbern seit keltischer Zeit bekannt. Der Zugang ist nur über das **Brú na Bóinne Visitor Centre** gestattet, von dem aus Führungen veranstaltet werden (Tel. 041/988 0300, Juni–Mitte Sept. 9–19 Uhr, sonst kürzer, Eintritt inkl. Ausstellung, Newgrange und Knowth 13 €; www. heritageireland.ie).

Vor allem im Sommer sollte man genug Zeit für die Besichtigung einplanen – der Andrang ist groß und die Kapazität begrenzt. Der Rundgang durch das interaktive Besucherzentrum dauert rund 1 Std., für die Grabkammer sind weitere 2 Std. das Minimum.

Archäologen sind dabei, **Knowth** eingehender zu erforschen, weshalb nur ein Teil des Areals zugänglich ist. Man vermutet, die Anlage sei noch 500 Jahre älter und um einiges komplexer als Newgrange.

HILL OF TARA & DUNSANY CASTLE 5 ▮ F5

Der **Hill of Tara,** heute ein eher unscheinbarer Hügel, ist ein mystischer Ort voller Legenden. Einst sollen hier die Druiden ihren Zaubertrank gebraut haben, später, noch vor der Einführung des Chris-

---

📺 **NEWGRANGE: ÄLTER ALS STONEHENGE**

Der Grabhügel von Newgrange gehört zu einer Gruppe von mindestens 28, möglicherweise bis zu 40 Ganggräbern im Tal des Boyne und ist Teil des UNESCO-Weltkulturerbes. Newgrange stammt aus der Zeit um 3100 v. Chr., ist also älter als Stonehenge oder die Pyramiden von Gizeh und eines der bedeutendsten Steinzeitmonumente Europas. Der Steinhügel hat einen Durchmesser von 80–90 m und eine Höhe von 13,5 m. 16 m vom Außenrand entfernt, der von 97 Steinplatten eingerahmt wird, befand sich ursprünglich ein Kreis von 38 bis zu 2,5 m hohen Menhiren, von denen zwölf noch erhalten sind. Im Innern des Grabes verläuft ein 19 m langer Gang, 1 m breit und bis zu 2 m hoch. Über der Grabkammer wölbt sich eine in der Mitte fast 6 m hohe Decke aus Megalithplatten, die so perfekt zusammengefügt sind, dass bis heute kein Wasser einsickert. Drei Seitenkammern buchten die Hauptkammer kreuzförmig aus, und in jeder fand man einen ausgehöhlten Beckenstein mit Knochenresten. Die meisten Steine des Grabes sind mit abstrakten Motiven wie Doppelspiralen, Rauten und konzentrischen Halbkreisen verziert.

Rätselhaft war jahrhundertelang die Funktion des Steins über dem Eingang, der einen etwa 20 cm breiten Schlitz aufweist. Erst 1967 ergaben archäologische Untersuchungen, dass die ersten Strahlen der Morgensonne an den Tagen um die Wintersonnenwende (21. Dez.) durch diese Öffnung den ganzen Gang bis in die Kammer erleuchten. Dafür reisen Besucher aus aller Welt an. Zum 50. Jubiläum der Wiederentdeckung im Jahr 2017 wurde das Ereignis erstmals live im Internet gestreamt.

tentums, soll sich auf dieser Anhöhe der Palast der Hochkönige von Irland befunden haben. Tatsächlich liegen rund um den Hügel unter der Grasnarbe die Reste von eisenzeitlichen Forts mit Erdwällen. Vom Hügel aus bietet sich ein schöner Blick auf die Umgebung; von der glorreichen Vergangenheit wird indes nur wenig offenbar. Man muss sich auf die Erklärungen verlassen, die die Führungen vermitteln (Mitte Mai–Mitte Sept. tgl. 10–18 Uhr, letzter Einlass 1 Std. früher).

Vom Besucherzentrum, ehemals eine protestantische Kirche, wird man zu Erdwällen und Gräben geleitet, die Namen wie Ráth Na Ríogh (Wall der Könige), Dumha Na nGiall (Grab der Geiseln) oder Teach Cormaic (Haus des Cormac) tragen.

Südlich des Hill of Tara liegt **Dunsany Castle,** dessen ältester Teil auf das Jahr 1180 zurückgeht (Juli, Aug. tgl. 10–16 Uhr, sonstige Öffnungszeiten erfragen unter Tel. 046/ 902 5169, Eintritt 15 €, am Wochenende 20 €, www.dunsany.com).

Seit dem 15. Jh. residieren hier die Lords Dunsany. Einen Teil des Dienstbotentrakts nutzt eine Edelboutique, wo man die hochpreisigen Artikel der Dunsany Home Collection erwerben kann.

TRIM CASTLE 6 📍 F5

Das schöne Städtchen Trim am Fluss Boyne wurde in normannischer Zeit als Festung gegründet. Damals entstand auch Trim Castle in spektakulärer Lage direkt am

Fluss. Es ist eine der größten mittelalterlichen Burgen Irlands und diente bereits mehrfach als Filmkulisse (Mitte März–Sept. tgl. 10 bis 17 Uhr, sonst kürzer, im Winter nur Sa/So, 5 €; www.heritageireland.ie).

KELLS 7 📍 E/F5

Mit der Gründung eines Klosters bei Kells um 550 schuf der spätere Schottenmissionar Columban eine der Wiegen des irischen Christentums. Hier soll das berühmte Evangeliar entstanden sein, das als Book of Kells bekannt wurde und heute im Trinity College von Dublin zu bewundern ist › S. 58.

Im Friedhof der unbedeutenden protestantischen Kirche ragt ein etwa 30 m hoher Rundturm auf, der dokumentarischen Belegen zufolge vor 1076 als Teil des Klosters entstanden sein muss. Ihn umgeben mehrere keltische Hochkreuze, von denen das größte, über 3 m hoch und mit biblischen Szenen verziert, am besten erhalten ist.

RESTAURANT

The Bective €€
Gemütliches Restaurant auf zwei Etagen, mit eigener Bar und gutem Essen. Mo–Sa ab 17, So ab 15 Uhr.
• Bective Square | Kells
  Tel. 046/924 7780 | www.thebective.ie

PUB

The Round Tower €
Gemütlicher Pub; am Wochenende immer wieder Livemusik.
• Farrell St. | Kells
  Tel. 046/924 0144

POWERSCOURT ESTATE 8 ⭐ 📗 F6

Die Geschichte des weitläufigen An-
wesens reicht bis ins 14. Jh. zurück.
Das imposante Herrenhaus entstand
im 18. Jh., wurde allerdings bis ins
19. Jh. immer wieder umgebaut. Fast
noch schöner sind die Gartenanla-
gen mit ihren Terrassen, Skulpturen
und dem alten Baumbestand (tgl.
9.30–17.30 Uhr, im Winter bis Ein-
bruch der Dunkelheit, Tel. 01/
204 6000; www.powerscourt.com).

Das **Avoca Terrace Café** ist wegen seines einmaligen Ausblicks
und der exzellenten Küche weithin
bekannt (Mo–Fr 9.30–17, Sa, So
10–18 Uhr, Tel. 01/903 2110, €–€€).

Eine rund 7 km lange Wanderung führt zum **Powerscourt-
Wasserfall**, mit 121 m immerhin
der höchste Wasserfall Irlands.

Auch das nahegelegene Dorf
Enniskerry lohnt wegen seiner ge-
mütlichen Cafés und interessanten
Galerien einen Besuch.

RUSSBOROUGH HOUSE 9 ⭐ 📗 F6

Dies ist eines der reizvollsten und
besterhaltenen palladianischen Anwesen Irlands. Russborough House
wurde 1740–1751 vom bedeutenden Architekten Richard Castle für
den späteren Earl of Milltown erbaut. › mehr S. 12 Punkt ❸

Heute gehört das Landhaus der
Familie Beit, die darin die Schätze
ihrer Kunststiftung ausstellt, u. a.
Werke von Boucher, Gainsborough,
Teniers, Reynolds und Rubens sowie vier Seestücke von Joseph Ver-
net, die für das Haus gemalt und in
die Stuckatur des Drawing Room

Powerscourt House ist von einer 19 Hektar großen Park- und Gartenanlage umgeben

eingefügt wurden (Haus: geführte Touren Mai–Sept. 10–17 Uhr stündlich, sonst 2–4 Mal am Tag, Eintritt 12 €, Jan., Feb. geschl.; Park: tgl. 10.00–16.00 Uhr, Eintritt 5 €, in der Weihnachtswoche geschl., Tel. 045/865 239, www.russborough.ie).

WICKLOW MOUNTAINS 10 🔖 F/G6

Moore, Wasser und im Sommer Berghänge voll blühendem Heidekraut und Ginster: Das Bergland südlich von Dublin ist ein beliebtes Naherholungsgebiet mit dem 20 000 ha umfassenden Nationalpark als Kern. Wasserfälle, Seen und Hügel, aber auch tiefe Täler sowie zerklüftete Gebirge und raue Gipfel machen den Reiz der Wicklow Mountains aus. Auch wer mit dem Auto unterwegs ist, sollte zumindest einige Spaziergänge einplanen.

Mit etwas Kondition und rund einer Woche Zeit lohnt sich auch der 127 km lange **Wicklow Way,** Irlands längste Wanderroute. Unterwegs sind immerhin 3000 Höhenmeter zu bewältigen, aber die herrliche Landschaft entschädigt für alle Mühen.

GLENDALOUGH 11 ⭐ 🔖 F6

Die Landschaft und die frühchristliche Klosteranlage von Glendalough, dem »Tal der zwei Seen«, sind von ganz besonderem Reiz. Man möchte sich und den Hunderten von Mitbesuchern wünschen, hier einmal ganz allein zu sein und nur den Geräuschen zu lauschen, die der hl. Kevin gehört haben mag, als er im 6. Jh. hierher kam.

Vom 10. bis zum 12. Jh. stand Glendalough als Pilgerstätte und kulturelles Zentrum nur Clonmacnoise › S. 85 an Bedeutung nach. Aus dieser Zeit stammen die meisten erhaltenen Gebäude, darunter ein 33 m hoher Rundturm, das Hochkreuz **St. Kevin's Cross** und die Reste von sieben Gebetshäusern. Etwa 10 m über dem Seeufer befindet sich eine kleine Höhle, die St. Kevins Bett genannt wird.

Die ersten Bewohner waren allerdings lange vor Kevin da: Die Höhle diente wahrscheinlich schon 2000 Jahre vor ihm als menschliche Behausung. Und nach seiner Zeit versuchten alle möglichen Eroberer, an sich zu raffen, was nicht niet- und nagelfest war: Zwischen 775 und 1070 soll das Kloster allein viermal von den Wikingern ausgeraubt worden sein. 1398 zerstörten dann englische Truppen die Anlage fast vollständig.

Das Visitor Centre bietet gutes Infomaterial und Führungen auf Anfrage (Mitte März–Mitte Okt. tgl. 9.30–18, sonst bis 17 Uhr, Tel. 0404/453 52, Eintritt 5 €, www.heritageireland.ie).

HOTEL

The Glendalough Hotel €€
44 Zimmer; gut gelegen für Wanderungen in den Wicklow Mountains.
• Glendalough
  Co. Wicklow
  Tel. 0404/451 35
  www.glendaloughhotel.com

WICKLOW 12 🔵 G6

Wicklow ist ein gemütlicher Ferienort mit schönem Hafen. Südlich des Orts ragen auf den Felsen über dem Strand noch die letzten Reste von Black Castle aus dem Jahr 1178 auf.

Schöne Strandspaziergänge kann man südlich der Landspitze von **Wicklow Head** unternehmen. Der Sandstrand erstreckt sich kilometerweit südwärts bis Brittas Bay.

INFO

Wicklow County Tourism
• Wicklow Enterprise Park
  Tel. 0404/20070 | www.visitwicklow.ie

HOTEL

Bel-Air Hotel and Equestrian Centre €€
Ferien für geübte Reiter: Unterricht und Geländeritte sowie gehobenes B&B in reizvoller Landschaft.
• Ashford, ca. 10 km nordwestlich von
  Wicklow | Tel. 0404/40109
  www.belairhotelequestrian.com

WEXFORD 13 🔵 F8

An den Kais der freundlichen Stadt ist es still geworden, seit der Hafen nicht mehr kommerziell genutzt wird. Die Main Street, die parallel zum Hafen verläuft, ist dafür umso lebhafter, v. a. wenn sich am Abend die Pubs füllen.

Kultureller Höhepunkt des Jahres ist das **Wexford Opera Festival** im Oktober (www.wexfordopera.com). Seit 1951 werden jedes Jahr bekannte, aber auch selten gespielte Opern in meist hervorragenden Aufführungen geboten. Und die ganze Stadt zieht dann mit: Straßentheater, Dichterlesungen, Pub-Musik usw. in Hülle und Fülle.

INFO

Wexford Tourist Office
• Crescent Quay | Wexford
  Tel. 053/912 3111 | www.visitwexford.ie

HOTELS

Dunbrody Country House Hotel €€€
Kleines Luxushotel mit berühmter Kochschule, 30 km westlich von Wexford an der R733.
• Arthurstown
  Tel. 051/389 600
  www.dunbrodyhouse.com

Abbey House B&B €€
Gemütliches kleines B&B im Herzen der Stadt; sehr gutes Frühstück.
• 34–36 Abbey Street
  Wexford | Tel. 053/912 4408
  www.abbeyhouse.ie

RESTAURANT

The Yard €€–€€€
Chefkoch Peter Murphy serviert köstliche Meeresfrüchte und hervorragende Tapas.
• 3 Lower Georges Street | Wexford
  Tel. 053/914 4083 | www.theyard.ie

NIGHTLIFE

The Centenary Stores
Klubs und Disco für Erwachsene.
• Charlotte Street| Wexford
  Tel. 053/912 4424 | www.thestores.ie

Maggie May's Bar
Pub und Bar mit Biergarten und regelmäßiger Livemusik.
• 1 Monk Street | Wexford
  Tel. 053/914 5776

Fein gearbeitete Replik eines keltischen Kreuzes im Irish National Heritage Park

AUSFLÜGE VON WEXFORD

IRISH NATIONAL HERITAGE PARK ▮ F8

4 km nordwestlich an der Fernstraße N 11 bringt dieser Geschichtspark Besuchern die irische Vor- und Frühgeschichte bis zu den Normannen nahe. Sorgfältige Rekonstruktionen von Hütten der Stein- und Bronzezeit, ein frühchristliches Kloster, ein Wikingerboot auf dem Fluss Slaney und eine normannische Festung geben Einblicke in das Leben der jeweiligen Epoche. Alltagstätigkeiten werden in der jeweils historisch korrekten Form vorgeführt (Mai–Aug. 9.30 bis 18.30, Sept.–April 9.30–17.30 Uhr, Eintritt 10 €, Tel. 053/912 0733, www.inhp.com).

STRAND VON CURRACLOE ▮ F8

Der schöne, dünengesäumte Strand nördlich von Wexford diente wegen seiner Ähnlichkeit mit dem Omaha Beach in der Normandie als Kulisse für den Film »Saving Private Ryan«.

ROSSLARE UND SEIN HAFEN 14 ▮ F8

Ungefähr 15 km südlich von Wexford liegt der Ferienort **Rosslare Strand,** dessen schöner, feinkörniger Sandstrand erheblich zu seiner Beliebtheit beiträgt. Vom 5 km entfernten **Rosslare Harbour** legen die Fähren nach Fishguard und Pembroke in Wales sowie nach Roscoff und Cherbourg in Frankreich ab.

KILKENNY 15 ▮ E7

Der mittelalterliche Charakter der Stadt ist weitgehend erhalten geblieben. Ehe die Normannen im 12. Jh. dort ihre Festung errichteten, konzentrierte sich die Ansiedlung um das 600 Jahre zuvor gegründete Kloster. Unter seinem englischen

Namen Canice ist der hl. Cainneach Schutzpatron der zweitgrößten Kathedrale Irlands, der **Cathedral of St. Canice** (13. Jh.), wo sich einige schöne mittelalterliche Grabdenkmäler befinden.

Südlich des Stadtkerns ragt inmitten von Grünanlagen das **Kilkenny Castle** dramatisch über dem Fluss Nore empor. In der »Long Gallery« hängen Familienporträts der Butlers; die Kunstgalerie im Keller stellt moderne Werke aus (Juni–Aug. tgl. 9–17.30 Uhr, sonst kürzer, Eintritt 8 €, www.kilkennycastle.ie).

Die **Crescent Workshops** im Castle Yard sind Ausbildungswerkstätten des Crafts Council of Ireland. Junge Designer bieten hier ihre Arbeiten an, u. a. Keramik, Lederwaren und Schmuck. In den ehemaligen Stallungen jenseits der Castle

Road widmet sich das **Kilkenny Design Centre** der Förderung von Kunsthandwerk und Produktdesign. Ateliers, Läden und das Restaurant dort lohnen einen Besuch (www.kilkennydesign.com, tgl. 10–19 Uhr).

Vom Schlosshügel verlaufen **High Street** und **Parliament Street** nordwärts zur Kathedrale St. Canice und bilden mit ihren Seitengassen den schönsten Teil der Altstadt.

Unter den historisch und architektonisch interessanten Gebäuden sticht **Shee Alms House** (16. Jh.) heraus, in dem sich das Tourist Information Office befindet. Im Sommer finden von hier häufig Stadtführungen statt. **Tholsel** heißt das Rathaus an der High Street, dessen Obergeschoss weit über die Straße hinausragt. Das beeindruckende **Rothe House** wurde zwischen 1594

Im Zentrum von Kilkenny

und 1610 errichtet. John Rothe Fitz Piers gehörte zu einer der reichsten und einflussreichsten Familien der Gegend (ganzjährig Mo–Sa 10.30 bis 17, So 12–17 Uhr, Tel. 056/772 2893, www.rothehouse.com).

Durch das **Black Freren Gate,** das letzte erhaltene Stadttor, gelangt man von der Parliament Street zur 1225 gegründeten **Black Abbey.** Die Namen verraten den Dominikanerorden (mit schwarzem Habit).

INFO
Kilkenny Tourism
• Shee Alms House
  Rose Inn Street | Kilkenny
  Tel. 056/775 1500
  www.visitkilkenny.ie

HOTELS
Mount Juliet €€€
Luxuriöses Landhaus aus dem 18. Jh. mit Reitstall, Top-Golfplatz (Irish Open), Fischgewässer und Jagd, zwei Restaurants und eleganten Zimmern.
• Thomastown, 18 km südl. von Kilkenny
  Tel. 056/777 3000
  www.mountjuliet.ie

Club House Hotel €€
Mittelgroßes Haus beim Castle mit modernen Zimmern und solchen im Stil des 18. Jhs. Restaurants, Bar.
• 19–20 Lower Patrick Street | Kilkenny
  Tel. 056/772 1994
  www.clubhousehotel.com

RESTAURANTS
Langton's €–€€
Preisgekrönte Bar mit separaten Speisezimmern.
• 67–69 John Street | Kilkenny

Tel. 056/776 5133
www.langtons.ie

Cleere's Bar & Theatre €
Neben Bier und Snacks gibt es Musik, manchmal auch Theater.
• 28 Parliament St. | Kilkenny
  Tel. 056/776 2573 | www.cleeres.com

TULLYNALLY CASTLE 16 ⬛ E5

Die Burg aus dem 17. Jh., um 1800 umgebaut, hütet eine der bedeutendsten Privatbibliotheken Irlands (nur Gruppenführungen nach Voranmeldung; Gärten: April–Sept. Do–So 11–17 Uhr, im Winter geschl.; www.tullynallycastle.ie).

Vogelfreunde kommen weiter westlich am **Loch Iron** auf ihre Kosten, einem Schutzgebiet für Enten, Brachvögel, Regenpfeifer und die im Herbst einfallenden Gänse.

MULLINGAR 17 ⬛ E5

Inmitten einer schönen Hügellandschaft mit vielen kleinen Seen schmiegt sich das würdevolle Marktstädtchen in eine Biegung des Royal Canal. Die Wasserstraße wurde Ende des 18. Jhs. zwischen Dublin und dem Shannon erbaut. Spaziergänger lieben das zugewachsene Ufer, Ruderer und Paddler das stille Gewässer.

Rings um Mullingar gibt es vortreffliche Angelgründe. Alljährlich finden am **Lough Owel** Anglerwettbewerbe statt; im April und August werden Forellen, im Juni Hechte gefangen.

AUF SANFTEN WOGEN

Devenish Island im Upper Lough Erne

Das Tuckern des Dieselmotors verklingt in der Abendstille. Leise knarren die Leinen der anderen Boote, die hier festgemacht haben. Nur vom hell erleuchteten Pub nahe der Anlegestelle klingen Stimmen und Musik durch die Dämmerung herüber.

Die Familie, die ihren Kabinenkreuzer gemächlich durch die eindrucksvolle Landschaft entlang des Shannon gesteuert hat, ist erst spät hier eingetroffen – den ganzen Tag über gab es so viel zu sehen: den Graureiher im Schilf beim Fangen der Plötzen, die man eigentlich selbst angeln wollte, ein Wikingerschiff auf dem weiten Fluss, und auch die Ruine von Rindown Castle auf ihrem Landvorsprung im Lough Ree musste noch eingehend erkundet werden.

VIELFÄLTIGES ANGEBOT

Die Bootsvermieter in der Republik und in Nordirland haben sich längst auf Besucher aus Kontinentaleuropa eingestellt. Besonders günstig bucht man von zu Hause aus über ein Reisebüro. Wenn der Kabinenkreuzer groß genug ist, kann man auch **Mietfahrräder** für Ausflüge mit an Bord nehmen.

Mindestens 18 für Besucher zugängliche **Golfplätze** lassen sich vom Shannon-Ufer aus (zu Fuß oder im Taxi) bequem erreichen, und **Anglern** stehen mehr Möglichkeiten offen als sonst irgendwo in Westeuropa › S. 28.

DIE SCHÖNSTEN STOPPS

• **Clonmacnoise** › S. 85, eine traumhaft am Wasser gelegene, sehr sehenswerte Klosteranlage.

- Die Landschaft um **Drumsna** 📖 D4 südlich von Carrick-on-Shannon und die Ausgrabungen am Doon of Drumsna (eindrucksvolle steinzeitliche Wallanlage).
- **Jamestown** 📖 D4 2 km westlich von Drumsna. Dorf mit hübschen Häusern (17./18. Jh.).
- **Castle Coole** und **Florence Court** › S. 143 südlich von Enniskillen, zwei grandiose Herrenhäuser.
- **Devenish Island,** Upper Lough Erne, mit Klosterruinen und Rundturm › S. 143.
- **Boa Island** am Nordrand des Lower Lough Erne › S. 143.
- **Portumna** 📖 D6 am Nordende von Lough Derg mit dem 600 ha großen Forest Park samt Wildgehege und Spazierwegen im Wald sowie zwei Castles, die beide zu besichtigen sind: Portumna Castle am Ortsrand, ein Herrenhaus aus dem 17. Jh., und Derryhivenny Castle, eine Festung weiter nördlich am Fluss.
- **Belleek** 📖 D3, eine lebhafte Kleinstadt mit renommierter Porzellanfabrik und Glasbläserei sowie Ausstellung zur Geschichte des Seengebiets (**Explore Erne Exhibition,** Erne Gateway Centre, Enniskillen Rd., Tel. 028/6865 8866; Juli–Sept. tgl. 11–17 Uhr oder nach tel. Voranmeldung).

BOOTSVERMIETER

- Shannon River 📖 D5
  Das Unternehmen vermittelt Boote verschiedener Vermieter und Flussfahrttouren auf dem Shannon (Tel. 0766/709 928, www.shannon-river.com).

- Nördlich auf dem Lough Ree zu fahren, ist wegen der vielen Inseln schwieriger und erfordert geübte Bootsführer. Boote für einen halben oder ganzen Tag vermietet u. a. Lakeside Day Boat Hire Athlone (Glasson, Athlone, Tel. 090/648 5479, www.lakesidedayhire.ie).
- www.boatholidaysireland.com liefert alles Wissenswerte über Bootstouren sowie eine Übersicht über verschiedene Bootsverleiher.
- The Inland Waterways Association of Ireland (Tel. 028/3832 5329, www.iwai.ie) und Waterways Ireland (Tel. 01/882 3303, www.waterwaysireland.org) erteilen ebenfalls kompetente Auskünfte.

GOLF

- Athlone Golf Club 📖 D5
  Der Eingang befindet sich direkt neben der Anlegestelle von Hodson Bay am Lough Ree. Wunderschön angelegter 18-Loch-Platz mit Par 71 Meisterschaftsstandard, Nichtmitglieder sind willkommen.
  Hodson Bay | Athlone
  Tel. 090/649 2073
  www.athlonegolfclub.ie

Vom Boot direkt auf den Golfplatz

Jahrhundertelang wuchs Clonmacnoise, heute beeindrucken die Ruinen am Shannon

INFO

Fáilte Ireland East & Midlands
• Market Square | Mullingar
Tel. 044/934 8650
www.discoverireland.ie

HOTEL

Greville Arms €€
Stadthotel mit 40 Zimmern, Restaurant und Pub. Gute Ausstattung.
• Pearse Street | Mullingar
Tel. 044/934 8563
www.grevillearmshotel.ie

RESTAURANT

Crookedwood House €€
Viel gelobtes Restaurant mit moderner irischer Küche im alten Pfarrhaus am Lough Derravaragh. Auch Gästezimmer.

• Crookedwood, ca. 10 km nördlich von Mullingar an der R 394
Tel. 087/465 9918
www.crookedwoodhouse.com

ATHLONE 18 D5

Die vom Stadtbild her eher unspektakuläre Ortschaft am Shannon gewinnt ihre Bedeutung aus der Lage an Irlands größtem Fluss. Die lebhafte Stadt ist ein Zentrum für Freizeitkapitäne › **Seitenblick S. 82**, und natürlich werden auch Bootsausflüge nordwärts auf den großen Lough Ree oder nach Clonmacnoise › **S. 85** angeboten.

Am Westufer neben der Hauptbrücke erhebt sich das ursprünglich normannische **Athlone Castle,** in dem das **Castle Museum** Ausstellungen zur Regionalgeschichte zeigt (Market Sqare, Juni–Aug. Mo bis Sa 9.30–18, So 10.30–18 Uhr, sonst kürzer und Ruhetage Mo bzw. im Winter Mo und Di, Eintritt 8 €, www.athloneartsandtourism.ie/athlone-castle).

Die 1937 vollendete **Kathedrale** überragt das Ufer vis-à-vis.

INFO

Tourist Information Office
- Civic Centre | Church Street
  Athlone | Tel. 090/649 4630
  www.athlone.ie
  Im Winter geschl.

HOTEL

Hodson Bay €€–€€€
Großes, attraktives Ferienhotel mit Golfplatz und Marina am Ufer des Lough Ree.
- 7 km nördl. von Athlone an der N 61
  Tel. 090/644 2004
  www.hodsonbayhotel.com

CLONMACNOISE

 D6

Wer von Athlone auf dem Shannon nach Süden fährt, sieht schon von Weitem zur Rechten die lang gezogene Erhebung eines eiszeitlichen Moränenhügels und darauf eine von Erdwällen umgebene Ruine. Es handelt sich um die Reste einer im 13. Jh. erbauten Burg, hinter der bald die beiden Rundtürme von Kloster Clonmacnoise aufragen – eines der beliebtesten Fotomotive Irlands (Nov.–Mitte März 10–17.30, Mitte März–Mai 10–18, Juni bis Aug. 9–18.30, Sept.–Okt. 10 bis 18 Uhr; Führungen ab Besucherzentrum, Eintritt 8 €, Tel. 090/967 4195, www.heritageireland.ie).

Über **Ausflugsschiffe** informiert das Tourist Information Office in Athlone › S. 84. Am Ufer beim Kloster gibt es Anlegestellen für Kabinenkreuzer.

📖 CLONMACNOISE – GEISTIGES ZENTRUM DER KELTEN

Das erste Gebetshaus am Ufer des Shannon soll der hl. Ciarán bereits um das Jahr 545 erbaut haben. Vom 7. bis ins 12. Jh. dann war Clonmacnoise das kulturelle und geistige Zentrum der keltischen Kirche. Aus ganz Europa strömten damals die Mönche hierher und trugen Irland den Ruf ein, das »Land der Heiligen und Gelehrten« zu sein. Eine Liste, die im Jahr 1179 aus Anlass eines verheerenden Brandes erstellt wurde, führt im Areal 106 Wohnhäuser und 13 Kirchen auf.

Heute sind neben den Rundtürmen die Ruinen einer Kathedrale und acht weiterer Kirchen, drei Hochkreuze – darunter das prachtvolle Cross of the Scriptures – und an die 200 Grabplatten zu besichtigen, die meisten aus dem 10. bis 12. Jh. Ab dem 13. Jh. verlor der Ort an Bedeutung, und 1552, als englische Truppen die Anlage endgültig zerstörten, war Clonmacnoise nur noch ein minderer Bischofssitz.

TULLAMORE 20 📖 E6

Der Ortsname steht vorwiegend für die Produktion des Whiskeys »Tullamore Dew« und des Likörs »Irish Mist«. In Kilbeggan, 11 km nördlich, kann man an Führungen durch **Locke's Distillery** aus dem 18. Jh. teilnehmen (April–Okt. tgl. 9–18, sonst 10–16 Uhr, Tel. 057/ 933 2134, Tour inkl. Tasting 14 €, www.kilbeggandistillery.com).

Einige Kilometer westlich des kleinen Städtchens weckt das Märchenschloss **Charleville Castle** Erstaunen. Die neugotische Anlage (19. Jh.) kombiniert Dutzende von Versatzstücken früherer Stilrichtungen (Führungen im Sommer tgl. 13–17.30 Uhr, Tel. 057/932 3040, www.charlevillecastle.com).

Östlich von Tullamore stößt man auf den Südrand des Torfmoors **Bog of Allen.** Einblicke in Flora und Fauna, Geologie und Archäologie der Region vermittelt das **Bog of Allen Nature Centre** in Lullymore bei Rathangan (Mo–Fr 9 bis 17 Uhr, u. a. zweistündige Führungen ins Moor, 5 €, Tel. 045/860 133, www.ipcc.ie/visitor-attraction).

KILDARE 21 📖 F6

Diese Stadt ist der geschäftige Mittelpunkt irischer Pferdezucht. Das staatliche Gestüt **National Stud** auf der über 2000 ha großen Torfebene des Curragh kann besichtigt werden (Visitor Centre für Besucher geöffnet tgl. 9–18, Führungen tgl. 10.30, 12, 14 und 16 Uhr, Eintritt 11,50 €, www.irishnationalstud.ie).

Zum Gelände gehört ein wundervoller **japanischer Garten,** den der Gründer des Gestüts zu Beginn des 20. Jhs. anlegen ließ. Auf dem **Curragh Racetrack** werden bedeutende Galopprennen ausgetragen, z. B. das Irish Derby im Juni.

Der japanische Garten im National Stud in Kildare

SÜDWEST-IRLAND

Das Hafenstädtchen Cobh nahe Cork
ist bekannt für seine bunten Häuser

Cork, die »heimliche Hauptstadt des Südens«, strahlt liebenswürdigen Charme aus. Überwältigende Natur bieten die weit in den Ozean hinausragenden Halbinseln; die meistbesuchte ist Iveragh mit dem Ring of Kerry.

Der Südwesten mit seinen vielen Halbinseln, die in den Atlantik hinausragen, ist eine der meistbesuchten Regionen Irlands. Jede Strecke an der Südküste führt durch Bilderbuchdörfer und an idyllische Küstenstriche.

Weite Landstriche des irischen Südens sind insgesamt nur dünn besiedelt und hätten sich wahrscheinlich noch weiter entvölkert, wären da nicht die Touristenscharen, die eine sichere Einkommensquelle geworden sind. Das Landesinnere ist geprägt von üppigem Weideland und Zeugnissen jahrtausendelanger Besiedelung.

Die meisten Urlauber zieht es jedoch auf die Halbinseln der Westküste, die wie Finger weit ins Meer ragen. Auf teils winzigen und stets kurvigen Straßen kann man von Killarney aus Rundfahrten über die Halbinseln Dingle, Iveragh, Beara, Sheep's Head und Mizen unternehmen, wobei der rund 180 km lange Ring of Kerry auf Iveragh die meisten Besucher anzieht.

Doch andernorts kann man sich auch heute noch in dieser Landschaft verlieren und sie abgeschieden von jeglichem Trubel genießen. Die Umrundung einer Felsenhalbinsel nach der anderen mag auf der Landkarte vielleicht langweilig aussehen, doch muss man eher vor dem Gegenteil warnen: Auf viele Reisende wirkt das Erreichen der jeweils nächsten Landspitze wie eine Droge.

Dudelsackspieler vor dem etwas außerhalb von Cork gelegenen Blarney Castle

TOUREN IN DER REGION

VON CORK NACH WATERFORD UND CASHEL

ROUTE: Cork › Cobh › Midleton › Waterford › Clonmel › Cashel › Cork

KARTE: Seite 92
DAUER: 2 Tage
PRAKTISCHER HINWEIS:
- In Waterford wird das berühmte Waterford-Kristall hergestellt. Im Fabrikverkauf ist es günstiger.

TOUR-START:
Von **Cork** **1** › S. 91 geht es via **Cobh** 📖 D9, einem freundlichen Städtchen mit interessantem Titanic-Museum (in Cobh legte die »Titanic« vor ihrer schicksalhaften Reise zuletzt ab), nach **Midleton** **8** › S. 99, wo die gleichnamige Brennerei Whiskeyfreunde lockt. Weiter über die N 25 erreicht man **Waterford** **5** › S. 97, das Etappenziel des ersten Tages. Wer Strände liebt, sollte einen Umweg über **Tramore** **6** › S. 98 mit seinem 5 km langen Sandstrand einplanen. Entlang den **Knockmealdown Mountains** führt die Tour am zweiten Tag durchs Landesinnere zurück nach Cork. Höhepunkt auf dieser Teilstrecke ist der **Rock of Cashel** **2** › S. 96, der sich ein-

drucksvoll aus der Ebene von Tipperary erhebt. Seit dem 4. Jh. residierten hier die Könige von Munster, ab dem 12. Jh. hatte die Kirche auf dem Felshügel eines ihrer wichtigsten Zentren.

VON CORK ZUR BEARA-HALBINSEL

ROUTE: Cork › Kinsale › Schull › Mizen › Sheep's Head Peninsula › Bantry › Beara › Macroom › Cork

KARTE: Seite 92
DAUER: 3 Tage
PRAKTISCHER HINWEIS:
- Wer irisches Nachtleben erleben will, sollte einen Abend in Cork einplanen. Die Studentenstadt ist für ihre Pubs bekannt.

TOUR-START:
Cork **1** › S. 91, immerhin die zweitgrößte Stadt des Landes, besitzt zwar weder herausragende Sehenswürdigkeiten noch architektonische Glanzlichter, doch das Zentrum zwischen zwei Armen des Flusses Lee lohnt wegen seines kleinstädtischen Charmes und der vielen Pubs einen Besuch. Von Cork führt die Fahrt an die Südküste zum überaus sehenswerten Örtchen **Kinsale** **9**

> S. 99, das von der riesigen Festung Charles Fort bewacht wird und für seine guten Restaurants bekannt ist. An der Küste südwestlich von Kinsale passiert man eine Reihe von hübschen Orten und schönen Stränden > S. 100, bevor man Schull auf der **Mizen Peninsula** 10 > S. 101 erreicht, das Etappenziel des ersten Tages.

Am zweiten Tag führt die Tour zum **Mizen Head** und über die **Sheep's Head Peninsula** 12 > S. 102 zum Marktflecken **Bantry** 11 > S. 102, wo auch übernachtet wird.

Von dort umrundet man am dritten Tag die Halbinsel **Beara** 13 > S. 103 mit ihren abwechslungsreichen Landschaften und spektakulären Küstenabschnitten und fährt schließlich über **Macroom** ◀ C9 zurück nach Cork. Diese Tour ist eine gute Alternative zum viel besuchten Ring of Kerry.

TOUR 8

DIE HALBINSELN DINGLE UND IVERAGH

ROUTE: Killarney > Dingle Peninsula > Killarney > Killarney National Park > Killarney > Ring of Kerry > Kenmare > Killarney

KARTE: Seite 92
DAUER: 3 Tage
PRAKTISCHE HINWEISE:
- Im Sommer sind auf dem Ring of Kerry viele Ausflugsbusse unter-

wegs, was auf den engen Straßen den Gegenverkehr oft zum Ausweichen oder Halten zwingt. Man sollte deshalb diesen Teil der Tour unbedingt in Killarney beginnen und in Richtung Killorglin fahren. So ist man in derselben Richtung unterwegs wie die Busse und erspart sich damit manches Ausweichmanöver.
- Trotz der zuweilen anstrengenden Fahrt ist das selbst gesteuerte Auto das beste Verkehrsmittel, weil es einem erlaubt, an den schönsten Foto- und Picknickplätzen anzuhalten. In Killarney werden aber auch Rundfahrten mit Tourbussen angeboten.

TOUR-START:

Bei dieser Tour werden drei Ausflüge zu einer Mehrtagesfahrt verbunden; Ausgangspunkt ist jeweils **Killarney** 14 > S. 104.

Einem Tagesausflug auf die **Dingle Peninsula** 19 > S. 106 folgt am zweiten Tag ein Wander- und Besichtigungsprogramm im **Killarney National Park** 15 > S. 105 mit dem imposanten Muckross House, bevor es am dritten Tag zum **Ring of Kerry** > S. 105 auf der Halbinsel Iveragh geht.

Die Dingle-Halbinsel, die zu den schönsten Gegenden Irlands zählt, ist die weniger besuchte, aber ebenso attraktive Alternative zum Ring of Kerry. Trotzdem gehört die Rundfahrt auf dem Ring of Kerry für viele Urlauber zu den »must sees« einer Irlandreise.

UNTERWEGS IN SÜDWESTIRLAND

CORK **1** C/D9

Freundlich, erholsam, einladend: So wird Cork häufig beschrieben. Die Bewohner, heißt es, seien über die Maßen stolz auf ihre Heimatstadt. Gesundes Selbstvertrauen strahlt Cork gewiss aus, erst recht, seit es 2005 Kulturhauptstadt Europas war und aus diesem Anlass ganze Straßenzüge verschönert wurden.

Dunkelste Stunden erlebte Cork im anglo-irischen Krieg 1920/21, als Freischärler in britischen Diensten, die sogenannten *Black and Tans,* die Stadt wegen Unterstützung der Republikaner fast völlig niederbrannten. Der Niedergang traditioneller Gewerbe setzte in den 1930er-Jahren ein, doch sind Bier und Whiskey neben Elektronik- und Chemieprodukten auch heute noch die Erzeugnisse der ortsansässigen Industrie.

Der Kern dieser geschäftigen Hafenstadt liegt auf einer Insel zwischen zwei Armen des Flusses Lee und lässt sich zusammen mit den zentrumsnahen Vierteln bequem zu Fuß erkunden.

DIE SÜDLICHE INNENSTADT

Am Nordende der Haupteinkaufsstraße **St. Patrick's Street** blickt das von Einheimischen nur **The Statue** **A** d1 genannte Standbild von Pater Theobald Matthew, eines Wohltäters der Armen und Abstinenzpredigers des 19. Jhs., als Wahrzeichen auf die Stadt.

Zwei wichtige moderne Kulturinstitutionen in der Stadt sind das moderne **Opernhaus** und die benachbarte **Crawford Municipal Art Gallery** **B** d1/2 (Mo–Sa 10–17, Do bis 20, So 11–16 Uhr, Eintritt frei; www.crawfordartgallery.ie). Die imposante Fassade des ehemaligen Zollamts von 1724 integrierte der Architekt William Hill 1884 geschickt in seinen Bau für die städtische Kunstakademie, die später das Gebäude den Sammlungen irischer und britischer Kunst des 18. bis 20. Jhs. überließ. Neben Stichen, Glasmalerei und Skulpturen birgt sie u. a. Gemälde von James Barry, Daniel Maclise und Jack B. Yeats.

Beim Besuch der Galerie darf eine Pause im **Crawford Gallery Café** (Tel. 021/427 4415, €€) keinesfalls fehlen. Als Ableger des berühmten Ballymaloe House › S. 98 wird es hohen Ansprüchen gerecht.

Von der St. Patrick's Street zweigt die Passage zum **English Market** **C** d2 ab, einem überdachten Markt für Obst, Gemüse und Fleisch. Im Umfeld verlocken auch die Oliver Plunkett Street und die Grand Parade zum Schauen und Shoppen.

Einen schönen Blick auf Cork hat man von der alten Festung **Elizabeth Fort** **D** d2, während die Meinungen über **St. Fin Barre's Cathedral** **E** c/d2 geteilt sind: Manche finden die 1878 vollendete protestantische Bischofskirche samt ihrem farbigen Interieur eindrucksvoll, andere ganz scheußlich.

Eine Grünfläche umgibt das **University College** F 📖 b2. Der Nordflügel des Hauptgebäudes birgt eine bedeutende Sammlung von Steinen mit Texten in der keltischen Ogham-Schrift. Zum Universitätsgelände gehört auch die 1915 erbaute **Honan Chapel** mit einigen der besten Beispiele angewandter Kunst des sogenannten Irish oder Celtic Revival, darunter Glasmalereien, Mosaiken und Emailarbeiten.

Das **Cork Public Museum** G 📖 b2 im Fitzgerald Park erhellt die Stadtgeschichte (v. a. von 1916 bis 1923) und zeigt archäologische und naturgeschichtliche Funde. Neben dem historischen Gebäude sind

TOUREN IN SÜDWESTIRLAND

TOUR 6 VON CORK NACH WATERFORD UND CASHEL Cork › Cobh › Midleton › Waterford › Clonmel › Cashel › Cork

zwei moderne, lichtdurchflutete Galerien errichtet worden. (Di–Fr 10–16, Sa 11–16, von Mai–Sept. So 14–16 Uhr, Eintritt frei).

DIE NÖRDLICHE INNENSTADT

Gleich bei The Statue ‹ S. 91 führt die **St. Patrick's Bridge** 🅗 📙 d1 über den nördlichen Arm des Flus-ses Lee (North Channel). Diesen Stadtteil überragt die **St. Anne's Church** ❶ 📙 d1 (1726). Zwei Wände ihres Glockenturms, des Tower of Shandon, bestehen aus fast weißem Kalkstein, die andern beiden aus ro-tem Sandstein. Gegen Entgelt kann man den Turm erklimmen und das berühmte Geläut selbst in Gang set-

TOUR ❼ VON CORK ZUR BEARA-HALBINSEL Cork › Kinsale › Schull › Mizen › Sheep's Head Peninsula › Bantry › Beara › Macroom › Cork

TOUR ❽ DIE HALBINSELN DINGLE UND IVERAGH Killarney › Dingle Peninsula › Killarney › Killarney National Park › Killarney › Ring of Kerry › Kenmare › Killarney

zen (Juni–Sept. Mo–Sa 10–17, So 11.30–16.30 Uhr, sonst kürzer, Eintritt/Gebühr 5 €, Tel. 021/450 5906, www.shandonbells.ie). Die ehemalige Butterbörse aus dem 18. Jh. (Exchange St.) beherbergt heute das **Shandon Craft Centre** 🟠 ◼ d1 mit teuren Läden für Kunsthandwerk.

Am Rand des Stadtzentrums liegt das **City Gaol** ◼ b1. Bei einem Rundgang durch das ehemalige Gefängnis erhält man eine Vorstellung von den harten Bedingungen, unter denen im 19. und frühen 20. Jh. Gefangene untergebracht waren (Covent Ave., April–Sept. 9.30–17, Okt.–März 10–16, Abendführungen können für Mo–Fr 17.45 Uhr gebucht werden, Eintritt 8 €, www.corkcitygaol.com).

INFO

Fáilte Ireland
- 125 St. Patrick Street | Cork
  Tel. 021/425 5100
  www.corkcity.ie

VERKEHRSMITTEL

- **Flughafen:** Cork Airport, 6 km südlich der Stadt (www.corkairport.com); Flüge zum Kontinent; Transferbus vom Parnell Place
- **Bahnhof:** Kent Railway Station, Lower Glanmire Road (Fahrplaninfo Tel. 021/455 7277 oder 1850/366 222); IC-Verbindungen nach Dublin, Limerick, Clonmel, Waterford, Rosslare, Enniscorthy, Mallow, Cobh und Kildare.
- **Busse:** Parnell Pl./Merchant's Quay (Fahrplaninfo: www.buseireann.ie); Verbindungen nach Cobh, Ringaskiddy, Blarney; **Stadtbusse:** Hauptknotenpunkt St. Patrick's Street
- **Fähren:** nach Roscoff (Frankreich) ab Ringaskiddy, 14 km südöstl. von Cork (Fahrplaninfo Tel. 021/427 1166).

HOTELS

Montenotte Hotel €€–€€€
Stilvoll und etwas verrückt eingerichtetes Boutiquehotel im Stadtzentrum, mit Wellnessbereich und hauseigenem Kino. Restaurant mit Panoramaterrasse.

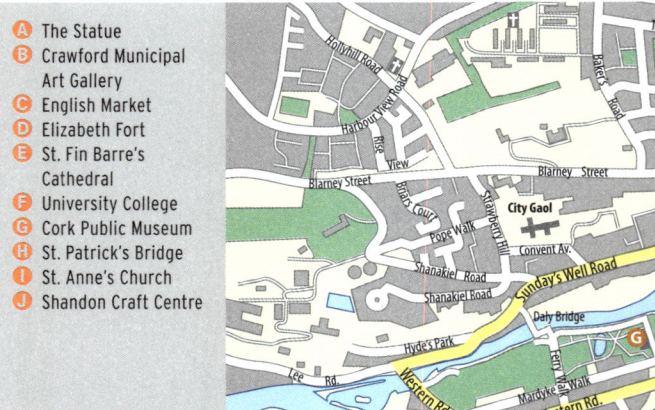

Ⓐ The Statue
Ⓑ Crawford Municipal Art Gallery
Ⓒ English Market
Ⓓ Elizabeth Fort
Ⓔ St. Fin Barre's Cathedral
Ⓕ University College
Ⓖ Cork Public Museum
Ⓗ St. Patrick's Bridge
Ⓘ St. Anne's Church
Ⓙ Shandon Craft Centre

- Middle Glanmire Road | Cork
  Tel. 021/453 0050
  www.themontenottehotel.com

Achill House €−€€
Angenehme Pension, schlichte Zimmer, nur
5 Gehminuten ins Zentrum.
- Western Road | Cork
  Tel. 021/427 9447

Crawford Guesthouse €−€€
Ein richtig gutes B & B nahe der Universität
Cork: 12 gepflegte Zimmer mit moderner
Einrichtung.
- Western Road | Cork
  Tel. 021/427 9000
  www.crawfordhouse.ie

RESTAURANTS
The Ivory Tower €€
Fisch und Vegetarisches nach Rezepten
aus aller Welt und in ungewohnten Kombi-
nationen. Do−Sa ab 19 Uhr.
- 35 Princes St. | Cork
  Tel. 021/427 4665
  www.ivorytower.ie

Quay Co-Op €
Vegetarische Vielfalt in nettem Ambiente
mit Selbstbedienung − hier kann man auch
Biolebensmittel kaufen. Geöffnet Mo−Sa
8−20, Sa bis 18.15 Uhr.
- 24 Sullivan's Quay | Cork
  Tel. 021/431 7026 | www.quaycoop.com

PUBS
Charlie's Bar, El Fenix Bar und **L'Atitude
51.** Drei freundliche Bars und Pubs Seite an
Seite am Union Quay. In einem davon gibt
es praktisch immer Musik.

AUSFLUG ZUM
BLARNEY CASTLE ▮ C9

Große Beredsamkeit erlangt angeblich, wer im Blarney Castle (8 km
nördlich von Cork) auf dem Rücken
liegend den »Blarney Stone« mit den
Lippen berührt (Mai–Sept. Mo–Sa
9–18.30, im Hochsommer bis 19, So
9–18 Uhr, Okt.–April bis zur Dämmerung; www.blarneycastle.ie).

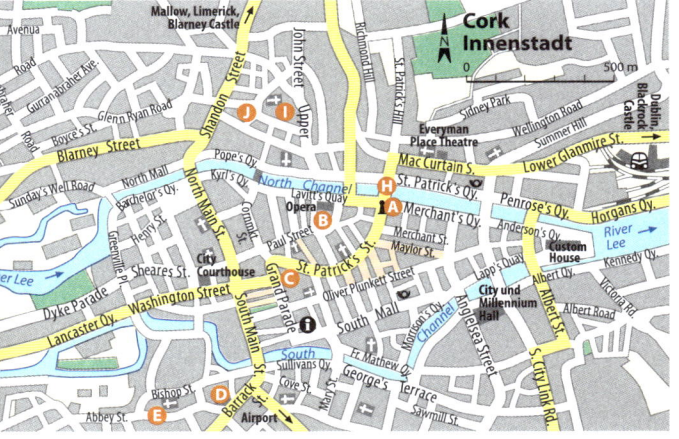

ROCK OF CASHEL 2 ⭐ 4 📖 D7

Schon lange bevor man den kleinen Ort Cashel erreicht, sieht man von Weitem den Rock of Cashel aus der Ebene von Tipperary emporragen – ein Kalksteinhügel, auf dem sich die Silhouette einer eindrucksvollen Ruine gegen den Himmel abzeichnet. Mit dem Bau der monumentalen gotischen Kathedrale wurde um 1235 begonnen, doch musste sie 1495 aufwendig renoviert werden, nachdem Graf Gerald von Kildare sie in Brand gesteckt hatte. Ab 1750 verfiel die Kirche zusehends. In der **Hall of the Vicars Choral** aus dem 15. Jh. skizzieren ein kleines Museum und ein zwanzigminütiger Film die Geschichte der Anlage.

Der Rundturm an der Ecke des nördlichen Querschiffs stammt wahrscheinlich aus dem 11. Jh. und ist das älteste erhaltene Bauwerk auf dem Hügel, aber nicht der einzige Beleg dafür, wie sorgfältig die Erbauer die Kathedrale zwischen Vorhandenes platzierten: **Cormac's Chapel** wirkt wie ein schräger Anbau zwischen Chor und Querschiff, aber bei genauerem Hinsehen entpuppt sich die erstaunlich gut erhaltene Kapelle als eines der bedeutendsten romanischen Bauwerke Irlands, 100 Jahre älter als die Kathedrale selbst. Der Legende nach soll der hl. Patrick im 5. Jh. in Cormac's Chapel den König von Munster bekehrt und getauft haben. Als gesichert gilt, dass sich auf dem Hügel etwa ab 980 eine Festung des Hochkönigs Brian Boru befand. Die Dekorationen, die Einflüsse aus dem Elsass und aus Bayern verraten, zeugen von der Kunstfertigkeit irischer Steinmetze. (Mitte Juni bis Mitte Sept. 9–19, Frühling/Herbst bis 17.30, Winter bis 16.30 Uhr, Eintritt 8 €, www.heritageireland.ie)

RESTAURANTS

Chez Hans €€€
Für seine Gourmetküche berühmtes, elegantes Restaurant in ehemaliger Kirche. Di–Sa 18–22 Uhr.
• Moor Lane | Cashel
  Tel. 062/61177 | www.chezhans.net

Brú Ború €
Kulturzentrum mit sommerlichen Veranstaltungen, z. B. traditioneller Musik, Volkstanz, Geschichtenerzählern; anständiges Café/Restaurant.
• Unterhalb des Parkplatzes am Rock of Cashel | Tel. 062/61122
  www.bruboru.ie

CLONMEL 3 📖 E8

Die prosperierende Kleinstadt am Fluss Suir könnte man als Hundemetropole bezeichnen: Hier ist nicht nur die in einschlägigen Kreisen berühmte Jagdmeute der »Tipperary Hounds« zu Hause, hier liegt auch eine der beliebtesten Hunderennbahnen Irlands.

Clonmel ist auch ein guter Ausgangspunkt für Rad- und Wandertouren durch das teils karge, teils aufgeforstete Hügelland der **Comeragh Mountains**. Der höchste Punkt und Aussichtsberg der Comeraghs ist der **Fascoum** mit 789 m.

INFO

Tourist Office

Bietet Wanderführer und Detailkarten der Comeragh Mountains.

- The Main Guard | Sarsfield St.
  Clonmel
  Tel. 052/612 2960
  www.clonmeltourism.ie

SHOPPING

Dove Hill Irish Design Centre

Ob Mode, Lebensmittel oder Glaswaren von Tipperary Crystal – hier finden Sie hochwertige irische Produkte (Mo–Sa 9.30–18, So 12–18 Uhr).

- Dove Hill, an der N24 zwischen Clonmel und Carrick | Carrick-on-Suir
  www.dovehill.ie

CARRICK-ON-SUIR 4 ▮ E8

Am Ostende der Castle Street im Städtchen Carrick-on-Suir erhebt sich **Ormond Castle**. An seine Burg aus dem 15. Jh. fügte der 10. Earl of Ormonde (genannt »Black Tom«), ein Favorit der englischen Königin Elisabeth I., ein Herrenhaus im Tudorstil an. Dies ist einzigartig für Irland, denn solche Landsitze wurden sonst nur im befriedeten englischen Kernland gebaut (April bis Ende Okt. 10–18 Uhr, an den letzten Oktobertagen kürzer, Tel. 051/ 640 787, www.heritageireland.ie).

WATERFORD 5 ▮ E8

Das alte Stadtzentrum von Waterford umgibt die (neben Derry) besterhaltene Stadtmauer Irlands. In den Außenbezirken breiten sich die weniger ansehnlichen Wohn- und Industrieviertel einer modernen 48 000-Einwohner-Stadt aus. Die Geschichte des Orts geht bis auf das 9. Jh. zurück, als Wikinger an dieser Stelle die Siedlung Vadraford gründeten.

Am Ostende der Stadtmauer ragt **Reginald's Tower** am Flussufer auf (tgl. 9.30–17.30 Uhr, im Winter eine halbe Stunde kürzer). Hier werden archäologische Funde, u. a. aus der Wikingerzeit ausgestellt.

Die Stadtgeschichte von 1700 bis 1970 zeigt die Ausstellung im **Bishop's Palace** am Ende der Mall (Juni–Aug. Mo–Sa 9.15–18, So 11 bis 18, Sept.–Mai nur bis 17 Uhr; www.waterfordtreasures.com).

An den Kais legen moderne Frachter an, denn Waterford gehört nach wie vor zu den wichtigsten irischen Handelshäfen.

In der Altstadt entstanden zwei bedeutende Kirchen nach Plänen des einheimischen Baumeisters John Roberts. Zwar selbst Protestant, entwarf er 1792 die katholische **Holy Trinity Cathedral** (Barronstrand Street) im gediegenen georgianischen Stil.

20 Jahre zuvor hatte er für die Church of Ireland die klassizistische **Christ Church Cathedral** gebaut, deren Vorplatz, der Cathedral Square mit seinen Repräsentationsbauten aus dem 18. Jh., die Stadt besonders schmückt.

In aller Welt bekannt ist Waterford durch seine Glasmanufaktur **Waterford Crystal.** Die neue Fabrik mit Outlet befindet sich im Zentrum von Waterford (www.waterfordvisitorcentre.com).

INFO

Waterford Tourism
- 120 Parade Quay | Waterford
  Tel. 051/875823
  www.visitwaterford.com

HOTELS

Waterford Castle €€€
Schlosshotel auf eigener Insel. Mit Gourmetrestaurant und 18-Loch-Golfplatz.
- The Island, ca. 4 km östlich der Stadt
  Tel. 051/878 203
  www.waterfordcastleresort.com

Samuel's Heritage €€
B & B am Rand von Waterford mit Blick auf den Fluss Sir und die Comeragh Mountains.
- Ballymaclode | Dunmore Road
  Waterford | Tel. 051/875 094
  www.samuelsheritage.com

RESTAURANT

McAlpin's Suir Inn €€
Traditionsreiches Gasthaus, ca. 10 km außerhalb von Waterford. Fischgerichte in guter Qualität. Di–Sa 17.30–23.30 Uhr
- Cheekpoint | Waterford
  Tel. 087/238 4947 | www.mcalpins.com

PUBS

Henry Downes
Mehrere dämmrige Schankräume und selbst abgefüllter Whiskey (Henry Downes' No 9, auch zum Mitnehmen).
- 8–10 Thomas Street | Waterford
  Tel. 051/874 118

The Munster Bar
Gemütlicher, familienbetriebener Pub mit gutem Essen im Stadtzentrum.
- Bailey's New Street | Waterford
  Tel. 051/874 656
  www.themunsterbar.com

TRAMORE 6 ▮ E8

Der größte Badeort im Einzugsbereich von Waterford wirkt ein wenig schäbig: Rummelplatz, Spielhallen und Pommesbuden machen nicht den elegantesten Eindruck, aber der 5 km lange Sandstrand an der weiten Bucht entschädigt für vieles.

Fährt man auf der R 675 der Küste entlang, durch hübsche Dörfer und vorbei an lohnenden Aussichtspunkten, trifft man in **Stradbally** auf einen weiteren ausgesprochen schönen Strand. Die bewaldeten Klippen ringsum laden zu ausgedehnten Spaziergängen ein.

YOUGHAL 7 ▮ D9

In Youghal (gesprochen: Johl) finden Feinschmecker einige gute Restaurants. Im Mittelalter hatte die Stadt strategische Bedeutung, weshalb ihr Hafen stark befestigt wurde. Sehenswert ist auch die kleine Altstadt, außerdem liegen in der Umgebung einige schöne Strände.

HOTEL

Cliff House Hotel €€€
Das dreistöckige Haus steht, wie der Name suggeriert, auf den Klippen.
- Ardmore, ca. 15 km östl. von Youghal
  Tel. 024/87800
  www.thecliffhousehotel.com

RESTAURANTS

Ballymaloe House €€€
Eines der renommiertesten Hotels im Süden, das die einflussreichste Restaurantküche Irlands beherbergt. In jeder Hinsicht erlesen.

• Shanagarry, ca. 12 km westl. von Youghal
Tel. 021/465 2531
www.ballymaloe.com

Aherne's Seafood Restaurant €€
Preisgekröntes Spitzenrestaurant und der
Traum aller Liebhaber von Meeresfrüchten.
• 163 North Main St. | Youghal
Tel. 024/92424
www.ahernes.net

MIDLETON 8 ▮ D9

Die Ursprünge von Irlands größter
Whiskeybrennerei im Ort Midleton
gehen bis ins 18. Jh. zurück.

Auf einer geführten Tour erfährt
man alles über die Geschichte des
irischen Whiskeys und besichtigt
die Mälzerei, die Kornspeicher und
die Destillieranlagen, darunter auch
die weltweit größte Brennblase mit
32 000 Gallonen Fassungsvermö-
gen. Nach der Besichtigung kann
man an einer Verkostung teilnehmen (Führungen Nov.–März tgl.
um 11, 13, 14.45 und 16.15 Uhr,
sonst tgl. zwischen 10 und 16.30 Uhr,
Tel. 021/461 3594, www.jameson
whiskey.com).

KINSALE 9 ⭐ ▮ C9

Das Bilderbuchstädtchen belegt seine Bedeutung als Marinehafen in
der Zeit vom 17. bis ins 19. Jh.
durch das riesige **Charles Fort**
(17. Jh.), das den Hafeneingang be-
wacht. Es gilt als eine der besterhaltenen derartigen Anlagen in ganz
Europa (Mitte März–Okt. tgl. 10
bis 18, sonst bis 17 Uhr, Tel. 021/
477 2263, www.heritageireland.ie).

Das 1706 erbaute, schmucke ehemalige Gerichtsgebäude am Marktplatz beherbergt nun ein kleines
Museum mit Ausstellungen zur Regionalgeschichte.

Kinsale hebt sich von anderen
Ferienorten an dieser Küste durch

Whiskeymuseum der Old Midleton Distillery

viele gut erhaltenen Häuser aus dem 18. Jh. ab. Ein etwa 3 km langer Spaziergang führt zur Festung – man folge den Schildern mit der Aufschrift »Scilly Walk«.

INFO
Tourist Information Office
• Pier Road (Kreuzung Emmet Place)
 Kinsale | Tel. 021/477 2234
 www.kinsale.ie

HOTELS
Blue Haven €€€
Himmlisches Boutiquehotel; die Zimmer sind geschmackvoll schlicht, die Fisch-gerichte im renommierten **Fishmarket Restaurant** eine Offenbarung.
• 3 Pearse St. | Kinsale
 Tel. 021/477 2209
 www.bluehavenkinsale.com

Old Bank House €€€
Georgianisch-elegante Pension mit perfekt ausgestatteten Zimmern.
• 11 Pearse St.
 Kinsale
 Tel. 021/477 4075
 www.oldbankhousekinsale.com

💬 **FÜR FEINSCHMECKER**

Kinsale ist eine gastronomische Hochburg mit vielen ausge-zeichneten Restaurants. Zehn davon bilden den **Good Food Circle,** der jährlich im Oktober ein internationales Gourmet-festival veranstaltet. Adressen, Programm und Tickets:
• Tel. 087/167 1004
 www.kinsalerestaurants.com

Old Presbytery €€–€€€
Zentral, aber ruhig gelegenes B & B, sowohl nostalgisch wie komfortabel.
Mit Penthouse-Suite.
• 43 Cork St. | Kinsale
 Tel. 021/477 2027 | www.oldpres.com

RESTAURANT
Man Friday €€
Bekannt für feine Meeresfrüchte; stilvolles Ambiente. So 12.30–21.30, sonst nur abends (ab 17 Uhr) geöffnet.
• Scilly | Kinsale | Tel. 021/477 2260
 www.manfridaykinsale.ie

PUB
Armada Bar
Kneipe beim Marktplatz, serviert wird tra-ditionelles Essen wie Irish Stew und ausge-schenkt wird Guiness. Livemusik mehrmals pro Woche.
• Pearse Street | Kinsale
 Tel. 021/477 2255 | www.armadabar.ie

DIE KÜSTE SÜDWESTLICH VON KINSALE

An diesem Küstenabschnitt liegen einige schöne Strände und Land-schaften, z. B. die Landspitze des **Old Head of Kinsale** 📕 C9 mit wun-derbarem Blick über die Courtmac-sherry Bay. › mehr S. 12 Punkt ❻ Gute Strände findet man auch beim lebhaften Örtchen **Clonakilty** 📕 C9, durch das die angeblich schmalste Hauptstraße Irlands führt. Zwi-schen Clonakilty und Skibbereen reihen sich etliche malerische Küs-tendörfer.

In **Rosscarbery** 📕 C10 sollte man auf die gewundene Küstenstraße

R 597 abbiegen, die vorbei am prähistorischen Steinkreis von Drom-
beg nach **Glandore** ◖ C10 führt.

Das sehenswerteste Dorf an diesem Küstenabschnitt ist **Castle-
townshend** ◖ C10, dessen schöne
Hauptstraße steil zum Hafen hin
abfällt. Dem Stadtbild ist anzusehen, dass sich hier früher das anglo-irische Bürgertum wohlfühlte.

Über **Skibbereen** ◖ B10, einen
netten Marktflecken mit guten Einkaufsmöglichkeiten, ist oft zu lesen,
dass es seine Entstehung algeri-
schen Freibeutern verdanke. Das
stimmt insofern, als verschreckte
Küstenbewohner sich landeinwärts
niederließen, nachdem 1631
nordafrikanische Piraten den Hafen
Baltimore ◖ B10 überfallen und fast
200 Einwohner als Sklaven ver-
schleppt hatten. Heute präsentiert
sich Baltimore wieder ganz fried-
lich; jedes Jahr kommen viele Urlauber wegen der wunderbaren
Aussicht auf die Felsenküste und
den Atlantik hierher, aber auch wegen des geschützten Jachthafens
und der Bootsausflüge zu den vorgelagerten Inseln.

INFO

Tourist Information Office
• North Street | Skibbereen
  Tel. 028/214 89 | www.skibbereen.ie

HOTEL/RESTAURANT

Rolf's Country House €–€€
Gemütliches Landhaus mit 10 Zimmern,
wunderschönem Garten und Restaurant.
• Baltimore Hill | Baltimore
  Tel. 028/202 89
  www.rolfscountryhouse.com

SHOPPING

Die Grafschaft Cork weist einige der besten
Wochenmärkte in Irland auf. Vor allem die
Freitagsmärkte in Skibbereen, Bandon und
Bantry bieten eine große Auswahl.

MIZEN PENINSULA 🔟 ◖ B10

Die Fahrt über die Mizen-Halbinsel
von Ballydehob über Schull zum
Mizen Head, der Südwestspitze Irlands, führt durch eine der schönsten Regionen des irischen Westens.
Man passiert Sandstrände und fährt
an Steilküsten entlang, bevor man
zum 1909 erbauten Leuchtturm an
der Landspitze kommt. Wobei die
Bezeichnung »Turm« in diesem Fall
etwas irreführend sein mag, ist doch
die Lichtanlage einfach auf dem
Dach eines Gebäudes installiert.

Besonders beliebt bei Sonnenan-
betern und Strandspaziergängern
ist der **Barley Cove Beach** zwischen Crookhaven und Mizen
Head.

Gerät und Tipps zum Tauchen,
Windsurfen, Dingisegeln und Hoch-
seeangeln vermietet das **Schull Wa-
tersports Centre** (The Pier, Tel.
028/28554, www.schull.ie).

INFO

Mizen Head Visitor Center
• Mizen Head | Tel. 028/35115
  www.mizenhead.ie

HOTEL

Grove House €
In dem schön gelegenen Landhaus hat
schon George B. Shaw übernachtet. Fünf

großzügige, modernisierte Zimmer, ausgezeichnetes Restaurant.
- Colla Road | Schull
  Tel. 087/249 4722
  www.grovehouseschull.com

BANTRY 11 ◖ B9

Der Fischerhafen und Marktflecken Bantry ist ein guter Ausgangspunkt für die Erkundung der Halbinseln Mizen und Beara.

Auf dem Hauptplatz steht die Statue von St. Brendan the Navigator, der von hier zu seiner berühmten Seefahrt aufbrach, auf der er zwischen 535 und 553 Amerika entdeckt haben soll. Der Folksänger Christy Moore hat in seinem Lied »St. Brendan's Voyage« recht satirisch beschrieben, was dem Heiligen an Entdeckungen angedichtet wird und warum er nach Irland zurückkehrte – wegen der Frauen und des Bieres.

Bantry House, ein Landsitz in wunderbarer Lage am Westrand der Stadt, wurde zwischen 1700 und 1710 erbaut und um 1840 stark erweitert. Aus dem Baumbestand der im italienischen Stil angelegten Gärten blieb Richtung Nordwesten eine weite Rasenfläche ausgespart, sodass man vom Haus einen fantastischen Ausblick über die Bantry Bay mit Whiddy Island auf die Halbinsel Beara genießt. Im Inneren beeindrucken blau gefleckte Scagliola-Säulen aus gepressten Marmorsplittern und zahlreiche Porträts (April, Mai, Sept., Okt. Di–So 10–17, Juni bis Aug. tgl. 10–17 Uhr, www.bantry house.com).

Tourist Information Office
- Old Courthouse (am Ostende des Marktplatzes) | Bantry
  Tel. 027/50229
  www.bantry.ie
  Nur April–Okt. geöffnet.

HOTEL
Bantry House €€€
Eher ungewöhnliches B & B mit schlichten, aber sehr begehrten Zimmern in den Seitenflügeln des Landsitzes; den Gästen stehen einige erlesene Gemeinschaftsräume offen.
- Tel. 027/50047 | Bantry
  www.bantryhouse.com

RESTAURANT
O'Connors Seafood
Restaurant €€–€€€
Neben feinen Fisch- und Meeresfrüchtegerichten gibt es hier auch Fleisch.
- Wolfe Tone Square | Bantry
  Tel. 027/55664
  www.oconnorseafood.com

PUB
Anchor Tavern
Voll mit Sammelsurium und einheimischer Kundschaft, gelegentlich finden Sessions statt.
- New Street
  Bantry

SHEEP'S HEAD PENINSULA 12 ◖ B9/10

Südwestlich von Bantry erstreckt sich die schmalste und am wenigsten erschlossene Halbinsel, die Sheep's Head Peninsula. Als »Goat's

Die Harbour Queen Ferry ist in der Bantry Bay unterwegs nach Garinish Island

Path Scenic Route« ist die Straße ausgeschildert, die mit schönen Ausblicken über Bantry Bay bis zur Spitze beim Sheep's Head führt.

BEARA 13 ★ 🏛 A/B9

Glengarriff ist ein guter Ausgangspunkt für eine Rundfahrt über die Halbinsel Beara (Ring of Beara). Auf der R 572 verlässt man das Städtchen und fährt in südwestlicher Richtung entlang der recht rauen Küste bis zur Streusiedlung Adrigole. Hier biegt die R 574 zum Healy Pass ab. In vielen Kurven schraubt sich die Straße durch eine immer karger werdende Landschaft hinauf bis zur Passhöhe auf 330 m. Danach geht es mit schöner Aussicht auf den Glanmore-See hinunter nach Lauragh.

Der nun folgende Abschnitt entlang der Nordküste zählt zum spektakulärsten Teil des Ring of Beara.

Eng und kurvenreich führt die Straße bergauf und bergab über Ardgroom nach Eyeries mit seinen bunt bemalten Häusern.

Über Allihies erreicht man auf einer Stichstraße schließlich Garinish Point, den südlichsten Punkt der Halbinsel. Hier bringt Irlands einzige Kabelbahn Besucher nach Dursey Island (verkehrt tgl. ab 9.30 Uhr, Mittagspause 13–13.30, März bis Okt. bis 19.30, im Hochsommer bis 21.30, Nov.–Feb. bis 16.30 Uhr). Viel hat die Insel nicht zu bieten, doch die Seilbahnfahrt in luftiger Höhe ist ein Erlebnis.

Auf der Südseite der Halbinsel lockt Castletownbere, der Hauptort von Beara. Er besitzt einen wichtigen Fischerhafen sowie zahlreiche nette Pubs und Restaurants.

Auf Beara wurde die Landschaft durch Abholzung und Viehwirtschaft verändert, Burgruinen wechseln sich mit aufgelassenen

Kupferminen ab, doch eine ein-
drucksvollere Küste findet man
auch auf den beiden Halbinseln
Iveragh und Dingle nicht.

PUB
MacCarthy's Bar €
Der leuchtend rote Pub an der Hauptstraße
ist unübersehbar. Im Kramladen neben der
Theke kann man auch noch kleine Einkäufe
tätigen.
• The Square | Castletownbere
  Tel. 027/70014
  www.maccarthysbar.com

AUSFLUG NACH
GARINISH ISLAND 📘 B9

Die kleine Insel in der Bucht von
Glengarriff wurde Anfang des
20. Jhs. für einen Geschäftsmann in
einen subtropischen Paradiesgarten
verwandelt. Blühende Beete, ein japanischer Steingarten und sogar
Bonsai-Bäume sind hier zu bestau-
nen. (www.harbourqueenferry.com,
Tel. 027/63116; Pendelverkehr April
bis Okt. tgl. alle 30 Min.)

KILLARNEY 14 📘 B8

Die Stadt hat – nach Dublin – mehr
Fremdenzimmer als sonst ein Ort in
Irland, und dazu die ärgsten Ver-
kehrsstaus weit und breit. Gemütlicher ist da schon eine Rundfahrt in
einer Pferdekutsche: An jeder Ecke
warten die *Jaunting cars* mit ihren
fröhlich erklärenden Kutschern.
Auch die direkte Umgebung von
Killarney hat einiges zu bieten: Auf
der malerischen Insel Inisfallen im

8 km langen und 3 km breiten
Lough Leane sind die Reste eines
mittelalterlichen Klosters mit Aus-
flugsbooten von der Burgruine
Ross Castle am Ufer zu erreichen.

Bei den Pferderennen im Mai,
Juli, August und Oktober kann man
das wahre Irland hautnah miterle-
ben (**Killarney Racecourse,** Ross
Road, Tel. 064/31125; www.killar
neyraces.com).

INFO
Tourist Information Office
• Beech Road | Killarney
  Tel. 064/663 1633
  www.killarney.ie

HOTEL
Foley's Town House €€
Gemütliche Bar, traditionelles irisches Essen im Restaurant, gut ausgestattete und
individuell gestaltete Gästezimmer sowie
zwei Suiten: eine Oase mitten in der Stadt,
auch für Familien.
• 24 High St. | Killarney
  Tel. 064/663 1217
  www.foleystownhouse.com

RESTAURANT
Laune & Taylors €€
Anheimelndes Pub-Restaurant mit traditio-
neller irischer Küche, aber auch vegetari-
sche Gerichte. Auch Bed & Breakfast.
• 102–103 New St. | Killarney
  Tel. 064/663 2772

SHOPPING
Variety Sounds
CDs, Instrumente sowie Zubehör für Freun-
de irischer Musik.
• 7 College St. | Killarney
  Tel. 064/35755

KILLARNEY NATIONAL PARK 15 ⭐ 🔖 B8/9

Mittelpunkt des über 10 000 großen Killarney National Park ist **Muckross House.** 1843 erbaut, zeigen die Räume des imponierenden Herrenhauses das Leben der Adligen im 18. und 19. Jh. Auf dem Gelände wurden außerdem die **Muckross Traditional Farms** errichtet, die das Leben der irischen Landbevölkerung in vergangenen Jahrhunderten beleuchten.

Ein bemerkenswerter Wassergarten und die Ruine des Franziskanerklosters **Muckross Abbey** aus dem 15. Jh. mit sehenswertem Kreuzgang machen einen Besuch umso lohnender. (Muckross House tgl. 9–17.30, Juli, Aug. bis 19 Uhr; www.muckross-house.ie). Sehr beliebt sind **Fahrten mit der Pferdekutsche** durch den Park.

RING OF KERRY ⭐ 🔖 A/B9

Die 179 km lange Rundfahrt um die Halbinsel **Iveragh,** die auch als Ring of Kerry bekannt ist, erschließt eine der großartigsten Landschaften Irlands. Zumindest im Sommer, wenn unzählige Busse in derselben Richtung unterwegs sind, sollte man die Tour in **Killarney** beginnen und von dort in Richtung **Killorglin** fahren. So erspart man sich auf den engen Straßen manches Ausweichmanöver.

Die Straße N 70 führt an der Nordküste entlang zwischen kargen Hügeln auf der einen und dem Meer auf der anderen Seite. Einen kurzen Stopp sollte man in **Cahersiveen** einlegen, wo das Geburtshaus von Daniel O'Connell (1775–1847) steht, einem der wichtigsten Politiker der irischen Freiheitsbewegung.

Die nächste Sehenswürdigkeit ist das **Skellig Experience Centre** auf

Kutschfahrt vor Muckross House im Killarney National Park

dem mit dem Festland durch eine Brücke verbundenen **Valentia Island** 16 ◫ A9 (März, April, Okt., Nov. nicht an allen Tagen geöffnet, Infos: Tel. 066/947 6306, sonst tgl. Mai, Juni, Sept. 10–18, Juli, Aug. bis 19 Uhr; www.skelligexperience. com). Es erklärt die Natur und die Besiedelungsgeschichte der nur wenige Kilometer vor der Küste liegenden **Skellig Islands** 17 ◫ A9. Auf den steilen, heute menschenleeren Eilanden lebten einst Mönche, jetzt sind sie ein Paradies für Seevögel. Die Klosterruine von **Skellig Michael**, von der UNESCO zum Welterbe erklärt, gehört zu den besterhaltenen Zeugnissen aus frühchristlicher Zeit. Zu Filmruhm kam die Insel im September 2014 als hier die Schlusssequenz von Star Wars Episode VII gedreht wurde. Besuchen kann man die meerumtosten Inseln nur zwischen Mai und Oktober, und auch dann nur bei gutem Wetter.

Zurück auf dem Festland, führt die Straße von Portmagee über den Coomakesta Pass und vorbei am **Staigue Stone Fort**, einer Ringfestung aus der Eisenzeit, in die Ortschaft **Sneem** mit ihren bunten Häuserfassaden. Bei **Moll's Gap** und später **Lady's View** genießt man nochmals herrliche Ausblicke – hier auf eine weite Moorlandschaft, dort über die Seen von Killarney.

KENMARE 18 ◫ B9

Das lebhafte Städtchen mit seinen pastellfarben getünchten Häusern dient vielen Touristen als Über-

nachtungsstopp bei der 179 km langen Umrundung des Ring of Kerry.

HOTELS

Sheen Falls Lodge €€€
Herrlich gelegenes Spitzenhotel, das höchsten Ansprüchen gerecht wird.
• Kenmare | Tel. 064/664 1600
  www.sheenfallslodge.ie

Rose Cottage €–€€
Kleines B & B mit nur drei Zimmern in einem gemütlichen alten Häuschen.
• The Square | Kenmare
  Tel. 064/664 1330
  www.kenmare.com/rosecottage

DINGLE PENINSULA 19 ⭐ ◫ A/B9

Vielleicht noch schöner als der Ring of Kerry ist die Dingle-Halbinsel. Die Westseite des schmalen Landvorsprungs südlich des Dorfes Inch nimmt ein wunderbarer, 5 km langer Sandstrand ein. Bei Sonnenuntergang ist der Blick an der Küste entlang bis hinaus zu den Blasket-Inseln atemberaubend. National Geographic nannte die Halbinsel sogar den schönsten Ort auf Erden.

Am Hafen des Ferien- und Fischerdorfes **Dingle** drängen sich Pubs, Restaurants und B & Bs. Attraktion ist der **Delfin Fungie**, der seit über 30 Jahren immer wieder in die Dingle Bay zurückkehrt und sich nicht stört an den zahlreichen Beobachtungstouren.

Von Dingle aus führen zwei Straßen zu ganz besonderen Sehenswürdigkeiten. Die R 559 umrundet

Zeitlos faszinierend in seiner Schlichtheit: das Gallarus-Oratorium

die Spitze der Halbinsel, den **Slea Head,** der ungeachtet der vorgelagerten Inseln als westlichster Punkt Europas gilt. Vor Slea Head kommt man an **Ventry** mit seinem schönen geschützten Strand vorbei. Rund 7 km südwestlich des Orts erreicht man über einen ausgeschilderten Feldweg die Ruine von **Dunbeg Fort** direkt über dem Meer. Von diesem Küstenabschnitt aus fällt der Blick auf die eher bedrohlich wirkenden felsigen **Blasket Islands.** Von Dunquin oder Dingle kann man zu den seit 1953 unbewohnten Inseln übersetzen. In **Ballyferriter** informiert das Regionalmuseum **Corca Dhuibhne** über die Geschichte der Region und die unzähligen Funde aus prähistorischer und frühchristlicher Zeit (Ostern, Juni–Sept. tgl. 10–17 Uhr, im Winter auf Anfrage, www.westkerry museum.com). In der Klosterruine von **Riasc** (5./6. Jh.) etwas außerhalb des Dorfs steht ein ornamentierter Stein, der als Vorläufer keltischer Hochkreuze gilt.

Besonders beeindruckend ist das frühchristliche **Gallarus-Oratorium** östlich von Ballyferriter. Dabei ist das Gebetshaus gar nicht überwältigend groß oder reich verziert, im Gegenteil: Hier steht seit mehr als 1200 Jahren ein ästhetisch perfekter Bau, dessen schlichte Eleganz und dauerhaft wasserdichte Konstruktion noch heute Respekt verdienen.

Von Gallarus führt die gewundene Straße nach Dingle zurück und von dort über den **Connor Pass** (457 m), von dem sich der schönste Ausblick über die Halbinsel eröffnet, u. a. auf den Mount Brandon und die weite Brandon Bay. Deren Ostseite bildet eine Landspitze mit Irlands längstem Sandstrand: **Stradbally Beach** ist 19 km lang!

HOTEL

Dingle Bay Hotel €€–€€€
Boutiquehotel an der Marina mit Bar und Restaurant. Helle, große Zimmer.
• Strand Street | Dingle
  Tel. 066/915 1231
  www.dinglebayhotel.com

WESTIRLAND

Über 200 m hoch ragen die Cliffs of
Moher aus dem Atlantik

In den Gaeltachts Westirlands wird noch im Alltag Irisch gesprochen – etwa in Galway, auf den Aran-Inseln und im rauen Nordwesten der Grafschaft Mayo. Spektakulär sind die steil ins Meer abfallenden Cliffs of Moher.

Was den irischen Westen für Eroberer lange Zeit uninteressant machte, zieht heute viele Reisende an: die dünn besiedelte, karge Landschaft mit zerklüfteten Küsten, insbesondere in der Provinz Connacht westlich der Loughs Corrib, Mask und Conn, aber auch die spröde Felslandschaft des Burren und die schroffen Klippen von Moher. Unverdorben sei die Region, heißt es oft, aber im Kontext der irischen Geschichte ist unverdorben gleichbedeutend mit arm. Wer heute die Gaeltachts – jene Gebiete, in denen hauptsächlich irisch gesprochen wird – im Westen von Galway und im Nordwesten der Grafschaft Mayo besucht, sollte daher auch bedenken, welche Opfer die Bevölkerung erbringen musste, um ihrer Heimat treu zu bleiben.

TOUREN IN DER REGION

VON LIMERICK AN DIE WESTKÜSTE

ROUTE: Limerick › Bunratty Castle › Cliffs of Moher › Doolin › Aran Islands › The Burren › Dunguaire Castle › Lough Derg › Limerick

KARTE: Seite 110
DAUER: 3 Tage
PRAKTISCHER HINWEIS:
• Das Cliffs of Moher Visitor Centre kostet Eintritt (einschließlich Parkplatzgebühr) › S. 114, die Klippen kann man kostenlos besuchen.

TOUR-START:
Auf dieser Rundfahrt kann man sowohl Kultur als auch Natur des irischen Westens erleben. Am ersten Tag fährt man von **Limerick** **1** › S. 112 zum kantigen **Bunratty Castle** **2** › S. 113. Bei den spektakulären **Cliffs of Moher** **4** › S. 115 sollte man an der Steilküste entlangwandern. Nur so spürt man die Großartigkeit dieser einmaligen Landschaft. Nach der Übernachtung in **Doolin** **5** › S. 114 geht es hinaus zu den **Aran-Inseln** **9** › S. 119. Für einen ersten Eindruck reicht ein Tag aus; wer den Aufenthalt ausdehnen möchte, kann dort übernachten. Die Verführung, länger zu bleiben, ist groß.

Auch am dritten Tag braucht man in der faszinierenden kargen Land-

TOUREN IN WESTIRLAND

TOUR 9 VON LIMERICK AN DIE WESTKÜSTE Limerick › Bunratty Castle › Cliffs of Moher › Doolin › Aran Islands › The Burren › Dunguaire Castle › Lough Derg › Limerick

TOUR 10 VON GALWAY NACH CONNEMARA Galway › Connemara N. P. › Clifden › Louisburgh › Croagh Patrick › Westport › Ashford Castle › Galway

TOUR 11 RUNDTOUR SÜDLICH VON SLIGO Sligo › Ballina › Belmullet/Mullet-Halbinsel › Westport › Newport › Achill Island › Knock › Sligo

schaft von **The Burren** `6` › S. 115 Zeit, um das Gesehene auf sich wirken zu lassen. Nach einem Besuch des trutzigen **Dunguaire Castle** 📖 C6 (April–Mitte Sept. 10 bis 17 Uhr), einst Treffpunkt von Literaten, führt der Weg zum **Lough Derg** 📖 D6/7. An dessen Ostufer entlang geht es zurück nach Limerick.

VON GALWAY NACH CONNEMARA

ROUTE: Galway › Connemara National Park › Clifden › Louisburgh › Croagh Patrick › Westport › Ashford Castle › Galway

---

KARTE: Seite 110
DAUER: 2 Tage
PRAKTISCHER HINWEIS:
• In Galway darf nur gegen Bezahlung geparkt werden. Hinweisschilder stehen nur an den Stadteinfahrten, und wer diese übersieht bzw. ignoriert, für den wird der Aufenthalt teuer.

TOUR-START:

Die Kneipen von **Galway** `8` › S. 117 und die wilde Landschaft des Connemara National Park sind die beiden gegensätzlichen Höhepunkte dieser Rundfahrt. Der erste Tag ist ganz dem Gebiet von **Connemara** › S. 120 mit seinen zahlreichen Wanderpfaden und dem **Connemara**

National Park `10` › S. 121 gewidmet, einem der schönsten Naturschutzgebiete Irlands. Übernachtungsmöglichkeiten gibt es in **Clifden** `11` › S. 121. Am zweiten Tag führt die Tour über **Louisburgh** `13` › S. 123 zum **Croagh Patrick** `15` › S. 123, dem heiligen Berg der Iren. Am letzten Sonntag im Juli machen sich Zehntausende Iren auf den Weg, um ihn zu Ehren ihres Nationalheiligen zu besteigen.

Auf der Rückfahrt über **Westport** `16` › S. 123 und Castlebar bietet sich das überaus prunkvolle Luxushotel **Ashford Castle** 📖 B5 (Tel. 094/954 6003, www.ashfordcastle.com) bei Cong für eine Teepause an.

RUNDTOUR SÜDLICH VON SLIGO

ROUTE: Sligo › Ballina › Belmullet/ Mullet-Halbinsel › Westport › Newport › Achill Island › Knock › Sligo

---

KARTE: Seite 110
DAUER: 2 Tage
PRAKTISCHER HINWEIS:
• Mullet ist nur dünn besiedelt. Nehmen Sie Proviant mit und achten Sie auf den Benzinstand.

TOUR-START:

Ausgangspunkt dieser Rundfahrt in die entlegensten Teile Irlands ist die Provinzhauptstadt **Sligo** `22`

> S. 126, die vor allem für Literaturfreunde einen längeren Aufenthalt lohnt, wurde doch hier der Dichter William Butler Yeats geboren. Die erste Etappe führt über **Ballina 20** > S. 125 auf die Halbinsel **Mullet** > S. 125. Die wenigen Einwohner, die hier leben, sprechen meist Gälisch und sind durch ihre traditionelle Musik bekannt. Ein abendlicher Besuch in einem lokalen Pub ist sicher ein Erlebnis.

Nach Übernachtung in **Westport 16** > S. 123 ist **Achill Island** > S. 125, mit dem Festland durch eine Brücke verbunden, wegen der schönen Strände einen Besuch wert. An der Strecke zurück nach Sligo liegt **Knock 17** > S. 124, einer der bedeutendsten Pilgerorte Irlands.

UNTERWEGS IN WESTIRLAND

LIMERICK 1 📖 C7

Limerick, mit Vororten die drittgrößte Stadt der Republik und ein wichtiges Zentrum des Bootstourismus auf dem Shannon, wurde im 9. Jh. von den Wikingern gegründet. Lange war Limerick eine arme Stadt, doch in den letzten Jahren hat vor allem die Ansiedlung vieler multinationaler Firmen für wirtschaftlichen Aufschwung gesorgt.

Sehenswert ist das im 13. Jh. errichtete **King John's Castle** im Herzen des mittelalterlichen Stadtkerns auf King's Island. Weiter südlich erhebt sich die **St. Mary's Cathedral**. Geht man weiter in südlicher Richtung über die Matthew Bridge, erreicht man das **Hunt Museum**, das im georgianischen Custom House am Charlotte's Quay untergebracht ist. Es zeigt die Sammlung von Kunst und Artefakten des Archäologen John Hunt und Wechselausstellungen (Mo–Sa 10 bis 17 Uhr, So 14–17 Uhr, www.huntmuseum.com).

Durch die Einkaufsstraße O'Connell Street gelangt man zur **Limerick City Gallery of Art,** die eine umfangreiche Sammlung irischer Kunst vom 18. bis 20. Jh. beherbergt (Carnegie Building, Mo bis Sa 10–17.30, Do bis 20, So 12 bis 17.30 Uhr, Eintritt frei, www.gallery.limerick.ie).

INFO

Limerick Tourist Office
• 20 O'Connell Street | Limerick City
  Tel. 061/317 522 | www.limerick.ie

HOTEL

Absolute Hotel & Spa €€
Zentral gelegenes modernes Hotel mit 99 Zimmern. Schöner Blick von der Restaurantterrasse über den Fluss.
• Sir Harry's Mall | Limerick
  Tel. 061/463 600
  www.absolutehotel.com

RESTAURANT

Alex Findlater & Company €€
Auf der Karte stehen Austern, feine Fish 'n' Chips und Fischburger. Sehr gute Qualität

zu moderaten Preisen, ab mittags geöffnet.
Mit angeschlossenem Feinkostgeschäft.

• 109 O'Connell St. | Limerick
  Tel. 061/516 450
  www.alexfindlaterandco.ie

BUNRATTY CASTLE AND FOLK PARK ② ⭐ ▮ C7

Das 1425 erbaute **Bunratty Castle,**
14 km westlich von Limerick, gilt
als die am authentischsten erhaltene
bzw. restaurierte mittelalterliche
Burg Irlands. Allabendlich um
17.30 und 20.45 Uhr werden im
Festsaal mittelalterliche Bankette
veranstaltet, bei denen Besucher
den Bunratty Singers lauschen und
gutes Essen samt Wein und Honig-
met genießen können.

Im angeschlossenen Freiluft-
museum, dem **Bunratty Folk Park,**
bekommen Besucher einen Einblick
in das irische Landleben des 19. Jhs.
(ganzjährig tgl. 9–17.30 Uhr, www.
shannonheritage.com; Bankette: Tel.
061/360 788).

Der South Solar in Bunratty Castle, eines der Privatgemächer von Lord und Lady Gort,
die die Burg im 20. Jh. restaurieren ließen

ENNIS 3 ◾ C7

Der Hauptort des County Clare mit seiner netten Innenstadt ist ein guter Ausgangspunkt für die Erkundung der Grafschaft, von der Steilküste bei Kilkee und Moher bis zur Karstlandschaft des Burren > S. 115.

Sehenswert im Ort sind auch die Ruinen des Franziskanerklosters **Ennis Friary.**

HOTEL

Old Ground €€–€€€

Kinderfreundliches, gepflegtes Stadthotel bei der Kathedrale in einem schönen historischen Bau.

• O'Connell St. | Ennis | Tel. 065/682 8127
www.oldgroundhotelennis.com

SCHLÖSSER UND BURGEN

• **Trim Castle,** malerisch in den Flussauen des River Boyne gelegen, dient immer wieder bei Filmproduktionen als Kulisse, etwa 1995 bei »Braveheart«. > S. 75
• Zu **Powerscourt Estate** gehört eine 20 ha umfassende wundervolle Gartenanlage mit fantastischen Ausblicken. > S. 76
• **Russborough House** wurde um 1750 für den späteren ersten Earl of Milltown erbaut. > S. 76
• Eine Bilderbuchburg aus dem Mittelalter ist das trutzige **Bunratty Castle.** > S. 113
• **Dunluce Castle** auf einer Klippe über dem Meer ist eine Ruine für romantische Gemüter. > S. 140

RESTAURANT

Preacher's Pub €€

Geschmackvoll in eine ehemalige Klosterkirche integriertes Restaurant mit internationaler Speisekarte. Tgl. ab 10.30 Uhr geöffnet.

• Im Temple Gate Hotel
The Square | Ennis
Tel. 065/682 3300
www.templegatehotel.com

CLIFFS OF MOHER 4 ⭐ 7 ◾ B6

Die 8 km langen und am höchsten Punkt 214 m senkrecht in den tosenden Atlantik abfallenden Klippen gehören zu den spektakulärsten Küstenabschnitten in Westeuropa und ziehen jedes Jahr fast 1 Mio. Besucher an. Von der brüchigen Kante bietet sich ein ebenso ergreifender wie schwindelerregender Blick in die Tiefe. Gut zu sehen ist der schichtweise Aufbau aus Schiefer und Sandstein. Unten spritzt die Gischt, in den Felsnischen nisten Tausende von Seevögeln.

Das **Visitor Centre** mit Restaurant, Café und Shop wurde komplett unterirdisch gebaut und informiert multimedial z. B. über die Geschichte der Cliffs of Moher (tgl. ab 8, Mai–Aug. bis 21, März, April, Sept., Okt. bis 19, Nov.–Feb. 9 bis 17 Uhr, Eintritt inkl. Parkgebühr vor Ort 8 €, bei Onlinebuchung vorher 4 €, www.cliffsofmoher.ie).

Wer möchte, kann von Liscannor bis Doolin oben an den Klippen entlangwandern und entkommt so dem Andrang der Massen.

Die karge Landschaft des Burren ist einzigartig

Am Südende der Cliffs of Moher erstreckt sich der bei Surfern beliebte Strand zum **Hag's Head.**

DOOLIN 5 CB6

Doolin zählt zu den herausragenden Zentren irischer Volksmusik. Seine Pubs genießen wegen ihrer allabendlichen Livemusik einen legendären Ruf. Einen **Campingplatz** gibt es an Doolins Hafen, von wo im Sommer auch Fähren zu den Aran-Inseln › S. 119 ablegen (Doolin Ferries, Tel. 065/707 4455, www. doolinferries.com).

HOTEL
Aran View House Hotel €€
Das rosafarbene Hotel etwas außerhalb bietet den Charme eines Landhauses aus dem 18. Jh. in herrlicher Landschaft.
• Doolin | Tel. 065/707 4061
  www.aranview.com

NIGHTLIFE
Jeder Pub in Doolin bietet Livemusik. Zu nennen sind etwa:
O'Connor's
Hier ist auch das gute Essen erwähnenswert. Geöffnet schon ab 9 Uhr.
• Fisher St. | Doolin | Tel. 065/707 4168
  www.gusoconnorsdoolin.com

McGann's
• Roadford | Doolin | Tel. 065/707 4133
  www.mcgannspubdoolin.com

McDermott's
Familienbetrieb in der vierten Generation.
• Roadford | Doolin
  Tel. 065/707 4328
  www.mcdermottspub.com

THE BURREN 6   C6

Nördlich und östlich von Lisdoonvarna fasziniert diese ungewöhnliche, karge Wildnis. Rund 1500 ha stehen als Nationalpark (www.bur rennationalpark.ie) unter Schutz.

Aus porösem Kalkstein, der sich hier in Platten erstreckt, entstand eine für Irland einzigartige Landschaft kahler Felsanhöhen voll von Höhlen, aber ohne Oberflächenwasser. Nur **Aillwee Cave** im nördlichen Burren ist als Schauhöhle zugänglich. In prähistorischer Zeit war die Landschaft noch weitgehend mit einer dünnen, bewachsenen Erdschicht bedeckt. Aber schon vor etwa 5000 Jahren begannen die ersten Siedler hier zu roden und ihr Vieh zu weiden. Mit der Zeit legte die daraus resultierende Erosion den Felsen bloß. Mehr als 60 Megalithgräber und fast 500 jungstein- und eisenzeitliche Ringanlagen hat man bisher in der Region entdeckt.

Das augenfälligste Monument ist **Poulnabrone Dolmen** an der R 480, ein tischförmig angelegtes, ursprünglich mit Erde bedecktes Steingrab aus der Zeit um 3000 v. Chr., dessen massive Deckplatte über 2 × 3 m misst.

Dramatisch über einem Flusstal liegt das Steinfort **Cahercommaun** aus dem 8. oder 9. Jh., das man vom Dorf Carran aus erreicht. In **Kilfenora** bietet das **Burren Display Centre** Wissenswertes zu Geologie, Archäologie, Flora und Fauna (Einführungsfilm mit deutschsprachigem Tonbandkommentar; Mitte März–Mai, Sept., Okt. tgl. 10–17, Juni–Aug. 9.30–17.30 Uhr; www. theburrencentre.ie).

LISDOONVARNA 7 B6

Heute legen Urlauber auf dem Weg von den Cliffs of Moher nach Galway in Lisdoonvarna einen Stopp ein. Früher aber reisten sie extra wegen des gesunden schwefelhaltigen Wassers gezielt an. 1875 wurde das erste Badehaus errichtet, 2014

Straßenmusiker in Galway

schloss das letzte Spa. Zu sehen sind noch die restaurierte viktorianische Pumpe und eine Ausstellung zu den Quellen (www.burren geopark.ie).

HOTEL

Sheedy's Country House €€
Elf bequeme, individuell gestaltete Gästezimmer, viel Flair und ein gutes Restaurant (nur abends).
• Lisdoonvarna | Tel. 065/707 4026
  www.sheedys.com

GALWAY 8 ⭐ 9 ▮ C6

Viele Besucher finden in der knapp 80 000 Einwohner zählenden Stadt ihre Idealvorstellung von Irland verwirklicht: Die bis ins 16. Jh. zurückreichende Bebauung um den Hafen und in der Altstadt ist malerisch und weitgehend gut erhalten. Einen hervorragenden Ruf genießt die 1849 gegründete Universität (University College Galway), nicht zuletzt bei Studenten aus Kontinentaleuropa und Nordamerika.

Südlich der Stadt erstreckt sich die einzigartige Landschaft des Burren › S. 115, im Norden schimmert **Lough Corrib,** der größte See der Republik, inmitten von grünen Weiden zwischen Steinmauern; im Westen bieten **Connemara** › S. 120 und die **Aran-Inseln** › S. 119 wildromantische Atlantikküsten und tragen mit ihren Gaeltachts dazu bei, dass Galway als Zentrum für das Studium der irischen Sprache gilt.

Die Innenstadt von Galway ist für den Verkehr gesperrt (strenge Parkregelung in der ganzen Stadt!).

Das Zentrum lässt sich gut zu Fuß vom **Eyre Square** aus erkunden, dessen Grünanlage offiziell John F. Kennedy Memorial Park heißt.

Galways lebendige Musikszene genießt weithin einen guten Ruf. Doch bevor man sich für einen der vielen Musikpubs entscheidet, sollte man noch dem relativ neuen **City Museum** (Spanish Parade, Di–Sa 10 bis 17, So 12–17 Uhr, Eintritt frei; www.galwaycitymuseum.ie), der **Kathedrale** und dem **Galway Arts Centre** (47 Dominick Street, Mo bis Fr 10–17, Sa ab 12 Uhr, www.galway artscentre.ie) mit irischer und internationaler Gegenwartskunst, einen Besuch abstatten.

INFO

Tourist Information
• Forster St. | Galway
  Tel. 091/537 700 | www.discoverireland.ie

HOTELS

Ardilaun House €€€
Ein riesiges Landhaus von 1840 mit Plüsch und Kristall in ruhiger Lage südlich des Zentrums.

> ### 💬 DER CLADDAGH-RING
>
> Ein typisches Souvenir aus Galway ist der Claddagh-Ring, ein Symbol für Liebe und Freundschaft. Motiv des Rings sind zwei Hände, die ein Herz einschließen, über dem sich eine Krone befindet. Verheiratete tragen den Ring so, dass die Krone zur Hand zeigt, Ledige andersherum.

- Taylor's Hill | Galway
  Tel. 091/521 433
  www.theardilaunhotel.ie

Hotel Meyrick €€€
Großes, sehr vornehmes Stadthotel von 1845, aufwendig renoviert, mit Restaurants und eigenem Spa.
- Eyre Square | Galway
  Tel. 091/564 041
  www.hotelmeyrick.ie

The Heron's Rest €€–€€€
Angenehmes B & B mit Blick auf den Hafen. Nur April–Ende Okt. geöffnet.
- 16a The Longwalk
  Galway
  Tel. 091/539 574
  www.theheronsrest.com

💬 **AUSTERN SATT**

Die vielen guten Restaurants der Stadt bieten die berühmten Austern aus der Galway Bay an.

Alljährlich im September, zu Beginn der Austernsaison, findet im kleinen Hafen Clarinbridge 11 km südlich von Galway ein **Oyster Festival** mit Wettbewerben im Öffnen und Essen von Austern statt.

Am Ende des Monats wiederholt sich das Ganze über vier Tage in Galway selbst, mit ungleich größerem Besucherandrang, kostümierten Einheimischen, Tanzvorführungen, einem Rennen des Schankpersonals mit vollen Stoutgläsern etc. (www.galwayoyster fest.com).

---

sleepzone €
Modernes Hostel nahe dem Eyre Square mit Einzel- und Mehrbettzimmern, Küche für Selbstversorger und Internetcafé.
- Bothar Na mBan | Galway
  Tel. 091/566 999 | www.sleepzone.ie

RESTAURANTS
Ard Bia at Nimmos €€€
Zum Frühstück und Mittag (€€) gibt es ausgefallene Sandwiches, Salate und Burger; abends werden exzellente, allerdings recht hochpreisige Fischgerichte und gute Weine serviert (tgl. 18–21 Uhr).
- Spanish Arch | Galway
  Tel. 091/561 114 | www.ardbia.com

Conlon Seafood Restaurant €
Gute Adresse für Gerichte mit Meeresfrüchten. So nur abends geöffnet.
- 3 Eglinton St. | Galway
  Tel. 091/562 268

SHOPPING
Südlich des Eyre Square blieb inmitten des modernen Einkaufszentrums **Eyre Square Centre** ein Teil der mittelalterlichen Stadtmauer als »Medieval Street« erhalten. Am Ende der Mauer tritt man auf die William Street hinaus, die mit den Verlängerungen Shop Street, High Street und Quay Street durch den alten Stadtkern und zu interessanten Läden führt, z. B. **Zhivago** für irische Musik, **Eason's Bookshop, Kenny's Bookshop & Gallery** (eines der führenden Antiquariate Irlands mit Kunstgalerie) und zahlreiche Handarbeits- sowie Kunstgewerbeläden.

NIGHTLIFE
Áras na nGael
Kulturzentrum für traditionelle Musik und Volkstheater in irischer Sprache.

• 45 Dominick St. | Galway
Tel. 091/567 824
www.arasnangael.ie

Tigh Neachtain
Freundliche Bar für Musikfreunde.
• 17 Cross St. | Galway
Tel. 091/568 820
www.tighneachtain.com

ARAN ISLANDS   B6

Die Inseln, die wie eine Barriere vor der Mündung der Galway Bay aufgereiht sind, bilden geologisch eine Fortsetzung des Burren-Massivs und scheinen nur aus Stein mit kleinen grünen Flecken zu bestehen.

Auf den bewohnten Inseln *Inis Mór* (englische Schreibweise: Inishmore; zu Deutsch: große Insel), *Inis Meáin* (Inishmaan; Mittelinsel) und *Inis Oírr* (Inisheer; Ostinsel) leben etwa 1500 Menschen, deren Muttersprache das Irische ist. Ein Auto braucht man dort nicht. Selbst Inishmore, wo Kleinbusse fahren und man gegen ein geringes Entgelt einen Ponywagen samt Kutscher oder ein Fahrrad mieten kann, ist nur 13 km lang und nirgends breiter als 3 km.

Busausflüge mit mitteilsamen Fahrern bringen einen vom Hafen Kilronan zu den Sehenswürdigkeiten, etwa dem spektakulären **Dun Aengus**, einer massiven Steinfestung auf Klippen, die über 100 m tief ins Meer abfallen. Wer die Erbauer der Festung waren, ist ebenso unklar wie die Entstehungszeit: die Hypothesen reichen von 500 v. Chr. bis ins 8. Jh. n. Chr.

Im Gemeindesaal des Hafenorts **Kilronan** wird im Sommer mehrmals täglich der berühmte Dokumentarspielfilm »Man of Aran« von 1934 gezeigt. Der amerikanische Filmemacher Robert J. Flaherty ließ für Aufnahmen »aus dem Alltag«

Mauerreste der Festung Dun Aengus, die einst die Küste der Insel Inishmore sicherte

eigens mehrere strohgedeckte Katen errichten, die noch heute in der Nähe des schönen Strands an der Bucht von Cill Mhuirbhigh (Kilmurvey) stehen.

INFO

Tourist Information Office
- In Kilronan am Hafen
  Tel. 099/61263 | www.discoverireland.ie

VERKEHRSMITTEL

- **Flugverbindung:** Aer Árann, Tel. 091/593 034, www.aeraranislands.ie. Von Connemara Airport bei Inverin, 36 km westl. von Galway (zu allen drei Inseln, Flugzeit ca. 8–10 Min.).
- **Fährverbindungen:** von Galway bzw. Rossaveel in Connemara (Aran Island Ferries, Tel. 091/568 903, www.aranislandferries.com; im Sommer tgl. mehrfach nach Inishmore, 45 Min.), von Doolin (Doolin Ferries, Tel. 065/ 707 4455, www.doolinferries.com; tgl. mehrmals nach Inisheer, ca. 30 Min., im Sommer auch nach Inishmore und Inishmaan). Es fahren auch Boote zwischen den einzelnen Inseln.

HOTEL

Tigh Fitz €
Einfache Übernachtung in einem 3-Sterne-Guesthouse. Vom Bett aus Blick aufs Meer.
- Killeany | Inis Mór
  Tel. 099/61213 | www.tighfitz.com

SHOPPING

Westlich des malerischen Fischerdorfs Roundstone befindet sich der unaufdringliche moderne Gewerbekomplex **Roundstone Musical Instruments IDA Craft Centre,** wo Flöten, Tin Whistles und Harfen

---

 CONNEMARA

Ein Ausflug in das wilde Bergland von Connemara mit seinen Sümpfen und Mooren zählt zu den schönsten Erlebnissen, die Westirland zu bieten hat. Connemara heißt der Gaeltacht-Teil der Grafschaft Galway auf der Halbinsel westlich von Lough Corrib und Lough Mask. Der Name verkürzt das irische *Conmaicne-mara,* das etwas so viel wie »Stamm des Conmac am Meer« bedeutet – die legendäre Königin Maeve soll das Gebiet einem ihrer Söhne zugewiesen haben.

Da von Galway mehrere lohnende Routen nach **Clifden,** der »Hauptstadt von Connemara« und größten Ortschaft der Region, zur Wahl stehen, sollte man Abstecher von der jeweiligen Straße machen. Die N 59 ist die schnellste Verbindung von Galway nach Clifden. Sie führt vorbei an zahllosen kleinen Seen und den Gebirgszügen der **Maamturk Mountains** und der **Twelve Bens** (auf manchen Karten »Twelve Pins«) im Norden.

Man kann auch dem Nordufer der Galway Bay folgen und sich westlich von Inverin für ein paar Stunden (oder Tage) im Gewirr der schmalen Nebenstraßen und Fahrwege verlieren. In **Cashel** trifft man auf viktorianische Landhäuser, die als *sporting lodges* für Jagd- und Angelgesellschaften besserer Kreise gebaut wurden. Heute dienen sie als Hotels.

Im Connemara National Park

hergestellt und zum Verkauf angeboten werden. Bei Kennern in aller Welt berühmt ist die Bodhrán-**Werkstatt von Malachy und Anne Kearns,** die die begehrten irischen Trommeln in Handarbeit fertigen.

CONNEMARA NATIONAL PARK 🔟 📙 B5

Eines der ältesten und schönsten Naturschutzgebiete Irlands erstreckt sich nordöstlich von Clifden über ca. 2950 ha Torfmoor, Felsen und Heideland. Über die Besonderheiten des Connemara National Park informiert ein Besucherzentrum im Dorf **Letterfrack.** Im Juli/Aug. kann man sich mittwochs und freitags 2- bis 3-stündigen geführten Wanderungen anschließen (Tel. 095/41054; Park Visitor Centre März–Okt. tgl. 9–17.30 Uhr; www. connemaranationalpark.ie).

CLIFDEN 11 📙 CB5

Der um 1812 vom örtlichen Großgrundbesitzer John d'Arcy aus dem Boden gestampfte Ort hat im Gegensatz zu den Straßendörfern der Umgebung einen echten Mittelpunkt mit einem Marktplatz, von dem die Hauptstraßen abgehen. Clifden ist heute ein Touristenzentrum, gut versorgt mit Pubs, Restaurants und Läden, z. B. dem Bekleidungsgeschäft Millar's Connemara Tweed.

Die schöne Aussichtsstraße **Sky Road** führt vom Marktplatz als 13 km lange Schleife auf eine Landspitze, von deren Anhöhen man die Atlantikküste überblicken kann.

INFO
Tourist Office
• Galway Road | Clifden
  Tel. 095/21163 | www.discoverireland.ie

HOTELS

Abbeyglen Castle €€€

Großzügige Zimmer und Suiten in einem Schloss aus Beton, das sich in den 1930er-Jahren ein Gentleman-Rennfahrer bauen ließ.

- Sky Road | Clifden
  Tel. 095/21201
  www.abbeyglen.ie

Cashel House €€€

Tophotel mit Edelrestaurant und kleinem Privatstrand.

- Cashel | Tel. 095/31001
  www.cashelhouse.ie

The Quay House €€€

Ein B & B zum Wohlfühlen: schöne Zimmer im ältesten Haus des Ortes.

- Beach Rd. | Clifden
  Tel. 095/21369
  www.thequayhouse.com

Zetland Country House €–€€

Auf einer Anhöhe mit schönem Ausblick, gemütliche Komfortzimmer.

- Cashel Bay
  Tel. 095/31111
  www.zetland.com

Ivy Rock House €

Kleines B & B mit Meerblick.

- Letterdyfe (ca. 2 km von Roundstone)
  Tel. 095/35872
  www.ivyrockhouse.com

RESTAURANTS

Mitchells Seafood Restaurant €€

Dass die Spezialitäten dieses Restaurants aus dem Meer kommen, verrät schon der Name. So und Nov.–April geschl.

- Market St. | Clifden
  Tel. 095/21867
  www.mitchellsrestaurantclifden.com

E.J. King's €

Meist voller Pub, anständiges Essen, im Sommer Folkmusik. Bei Sonne kann man draußen am Dorfplatz essen.

- The Square | Clifden
  Tel. 095/21330
  www.ejkings.com

💬 **IRISH FAMINE MUSEUM**

Ausführliche Informationen zu dem bedrückenden Thema der großen Hungersnot Mitte des 19. Jhs. bietet das Irish Famine Museum auf dem Landsitz Strokestown Park House, ca. 120 km östlich von Louisburgh (Strokestown, Co. Roscommon, Tel. 071/963 3013, Mitte März–Okt. tgl. 10.30–17.30, Führungen um 12, 14.30 und 16, im Winter 10.30–16, Führung um 14 Uhr, 13,50 €; www.strokestownpark.ie).

KYLEMORE ABBEY 12 📘 B5

Östlich von Letterfrack sieht man von der Hauptstraße N 59 aus die imposante Kylemore Abbey. Der 1866 als Landsitz für den Kaufmann und Politiker Mitchell Henry errichtete neugotische Bau beherbergt seit 1922 ein Benediktinerinnenkloster mit Mädchenpensionat. Teile der Anlage und der Gärten sind im Sommer zugänglich (Visitor Centre, Kapelle, Kirche, Walled Garden April–Juni 9–18, Juli, Aug. bis

19, Sept., Okt. 9.30–17.30, Nov. bis
März 10–16.30 Uhr, Eintritt 13 €,
www.kylemoreabbey.com).

LOUISBURGH 13 📖 B5

Durch das wildromantische Tal mit
dem langgestreckten »schwarzen
See« Doo Lough erreicht man das
schmucke Dorf Louisburgh mit seinen Häuserreihen aus dem 18. Jh.
Das örtliche **Granuaile Visitor Centre** (098/66341; Mo–Fr 10–17 Uhr,
www.granuaile.org/tourism-centre)
erzählt die Geschichte der Piratin
Grace Ó Malley und zeigt auch eine
Ausstellung zur Hungersnot des
19. Jhs.

In der Umgebung von Louisburgh gibt es mehrere ausgedehnte
und meist leere **Sandstrände**, z. B.
Old Head, Bertra Strand und Car-
rowniskey Strand, von denen aus
man die felsige **Clare Island** in der
Clew Bay aufragen sieht.

CLARE ISLAND 14 📖 B5

Von Roonah Quay westlich von
Louisburgh setzen Boote in etwa
25 Min. zur Clare Island über, die
großartige Ausblicke eröffnet. Heute leben auf der etwa 2000 ha großen Insel in der Clew Bay noch ca.
160 Menschen.

Der **Festungsturm** am Inselha-
fen von Clare gehörte einst zum
Hauptquartier der berühmten Frei-
beuterin Granuaile oder Grace Ó
Malley, die ab Mitte des 16. Jhs. die
ganze Küste beherrschte und Stütz-
punkte auf den Inseln Caher, Inish-
turk und Inishboffin unterhielt.

CROAGH PATRICK 15 📖 B5

Rund 80 % der Iren sind Katholiken. Entsprechend wichtig sind
ihnen Pilgerfahrten. Östlich von
Louisburgh erhebt sich Irlands berühmter Pilgerberg Croagh Patrick
(www.croagh-patrick.com), der das
ganze Jahr über von Gläubigen er-
klommen wird.

Hier soll im Jahr 441 der Natio-
nalheilige Patrick 40 Tage lang ge-
betet und gefastet haben. Um an
dieses Ereignis zu erinnern, pilgern
am letzten Sonntag im Juli Zehntausende Iren hierher und besteigen
den 764 m hohen Berg.

WESTPORT 16 📖 B5

Der Ort wurde im späten 18. Jh.
vom Architekten James Wyatt quasi
als dekorative Beigabe zum Herrenhaus des Marquis von Sligo ange-
legt. Wyatt ließ den Fluss Carrow-
beg kanalisieren, der nun den
»Mittelstreifen« der Hauptstraße
The Mall bildet. Rund um den sin-
nigerweise The Octagon genannten
Platz und an der Bridge Street findet
man viele Läden, Pubs und Cafés.

Westport House, 1730 von
Richard Castle auf den Resten eines
älteren Hauses erbaut, zeigt in eleganten Räumen Kollektionen von
englischer und irischer Kunst, Por-
zellan und Kristallglas. Auf dem
Gelände gibt es auch einen Zoo und
weitere Attraktionen (Haus und
Gärten: Juni–Aug. tgl. 10–18 Uhr,
sonst bis 16 Uhr und teilweise nur
wochentags, Eintritt 13 €, Tel. 098/
27766, www.westporthouse.ie).

INFO

Tourist Information Office
- Bridge St. | Westport | Tel. 098/25711
  www.westporttourism.com

HOTEL

Augusta Lodge €€
Familienfreundliches Guesthouse; eigenes
Putting Green für Golfer.
- Golf Links Rd. | Westport
  Tel. 098/28900
  www.augustalodge.ie

RESTAURANT

The Towers Bar & Restaurant €€
Köstliche Fischküche – und die bodentie-
fen Fenster des maritim eingerichteten
Restaurants geben den Blick auf Meer frei,
tgl. geöffnet ab 12 Uhr.
- The Quay | Westport | Tel. 098/24844
  www.thetowersbar.com

NIGHTLIFE

Matt Molloy's Bar
Gehört dem Flötenspieler der berühmten
Folkgruppe The Chieftains, darum gibt's
auch traditionelle irische Musik an sieben
Tagen pro Woche.
- Bridge St. | Westport
  Tel. 098/26655 | www.mattmolloy.com

KNOCK 17 📕 C5

Jährlich zieht es über 1 Mio. Pilger
in das Dorf an der N 17 mit einem
internationalen Flughafen, den der
Ort der Sturheit des örtlichen Pfar-
rers verdankt. Knock ist ein Zentrum der Marienverehrung; die Ba-
silika bietet 12 000 Gläubigen Platz.
Inzwischen hat die katholische Kirche die Marienerscheinung aus dem
Jahr 1879 als Wunder anerkannt.

»TRADITIONAL« ODER »FOLK«?

Die irische Volksmusik ist voller Kontroversen. Das beginnt mit der Unter-
scheidung zwischen *traditional music* und *folk music.* Strenge Traditionalis-
ten trennen zwischen instrumentalen Airs und Tanzweisen einerseits und
unbegleitetem Gesang andererseits, wobei für die Airs und Tänze meist *Uille-
ann pipes* (Dudelsack mit Blasebalg), *fiddle* (Geige) und *flute* (Querflöte) ver-
wendet werden. Viel Wert legt man auf regionale Eigenheiten: In Clare wird
das Spiel der Ziehharmonika und der *tin whistle* (Blechflöte) besonders gepflegt; die *fiddle*-Spieler von Donegal rühmen sich ihres melodischen Stils, in
Sligo bevorzugt man aufwendigere Verzierungen und rhythmische Sprünge.

Mit dem, was man in Dublin oder Killarney im Sommer im Pub als *folk
music* zu hören bekommt, hat das alles auf den ersten Blick nur wenig zu
tun. Hier kommen Instrumente wie Gitarre, Busuki, Banjo oder gar Synthesi-
zer zum Einsatz. Doch als die irische Volksmusik Mitte des 20. Jhs. Gefahr
lief, in Vergessenheit zu geraten, musste sie aus neuen Quellen Kraft schöp-
fen. Als dann die Clancy Brothers mit ihren in den USA überaus erfolgreichen
Rebellen- und Trinkliedern in der Gruppe »The Dubliners« Nachahmer fan-
den, war der Bann gebrochen – die irische Volksmusik wurde erneut von einer breiten Öffentlichkeit wahrgenommen.

Die katholische Kathedrale überragt Newport

NEWPORT 18 📖 B4 UND ACHILL ISLAND 📖 A/B4

Newport ist in Irland als Angler-zentrum bekannt. Wer sich nicht zu den Petrijüngern zählt, wird sich aber lieber die Ruine der Burris-hoole Abbey, eines 1486 gegründe-ten Dominikanerklosters in roman-tischer Lage am Ufer der Newport Bay, ansehen wollen.

Die mit dem Festland durch eine Brücke verbundene **Achill Island** lohnt einen Besuch wegen der herr-lichen Ausblicke, der Bergland-schaft im Inneren und der schönen Strände (vor allem bei Keel, Keem und Dooagh). Sehenswert ist auch das verlassene Dorf von Slievemore.

MAYOS NORDWESTEN

Wer für raue, meerumtoste Atlan-tikküsten schwärmt, sollte den Besuch der meist einsamen und windigen Landschaft **Erris** im Nordwesten der Grafschaft Mayo nicht versäumen.

Ebenso sehenswert ist die drama-tische Felsenküste bei **Benwee Head** 📖 B3 (bei Glenamoy von der R 314 abbiegen). Der Ort **Belmullet** 19 📖 B4 auf der Landenge zur ham-merförmigen Halbinsel **The Mullet** 📖 A/B4 mit ihren leeren, flachen Stränden wirkt recht abgeschieden, so wenig ist er auf Urlauber einge-richtet. Nur im August zum Jahr-markt kommen Auswanderer aus aller Welt in die alte Heimat.

Landeinwärts fährt man durch endlose Torfmoore nach **Ballina** 20 📖 C4. Das größte Städtchen (ca. 10 000 Einw.) im County Mayo ist ein bekannter Anglerstützpunkt: Lachse werden gar mitten im Ort aus dem Fluss Moy geangelt (Forel-len im Lough Conn). Jedes Jahr im Juli findet das **Ballina Salmon Festival statt** (www.ballinasalmon festival.ie), bei dem der namensge-bende Fisch allerdings nur der »Vorwand« für ein verlängertes

Wochenende voller Musik, Theater.
Kunst und kulinarischer Spezialitäten ist.

Bei Ballycroy wurde ein großes
Stück Moor als **Ballycroy National
Park** `21` 🏞 B4 ausgewiesen.

INFO

Ballina Tourist Information Office

• 41 Pearse Street | Ballina
Tel. 096/72800 | www.northmayo.ie

SLIGO `22` 🏞 C/D3

Der Hauptort der gleichnamigen
Grafschaft ist eine Einkaufsstadt
mit angenehmer Atmosphäre. William Butler Yeats, der Dichterfürst
des »Celtic Twilight«, verbrachte
hier einen Teil seiner Kindheit und
kehrte später immer wieder nach
Sligo zurück. Er liegt in Drumcliff
begraben, am Fuß des eindrucksvollen Tafelbergs Benbulben.

Im **Yeats Memorial Building** mit
der Sligo Art Gallery (Hyde Bridge,
Mo–Sa 10–17 Uhr, Eintritt 3 €,
www.yeatssociety.com) findet die
»Yeats International Summer School«
statt, zu der alljährlich Literaturwissenschaftler und Studenten aus aller
Welt anreisen. Auch im **Sligo County Museum** (Stephen St., Di–Sa
9.30–12.30, Mai–Sept. auch 14 bis
16.50 Uhr) ist der mit Memorabilien und Manuskripten gefüllte
Yeats Room die Hauptattraktion.

Sligo Abbey, eine Klosterruine
mit schönen Steinmetzarbeiten,
birgt einen Hochaltar aus dem
15.Jh. (Ende März–Mitte Okt. tgl.
10–18 Uhr, Tel. 071/914 6406, Eintritt 5 €, www.heritageireland.ie).

INFO

Tourist Information Office

• O'Connell St. | Sligo | Tel. 071/916 1201
www.sligotourism.ie

HOTELS

The Glasshouse €€–€€€
Erstklassiges Designhotel mit über 100
Zimmern; interessanter Bau mit großen
Glasflächen.

• Swan Point | Sligo
Tel. 071/919 4300
www.theglasshouse.ie

Yeats Country Hotel €€–€€€
Unter den fast 100 Zimmern auch große
Famillienzimmer, Spa, Restaurant. Kids
Club für kleine Gäste, Golf für die Eltern.

• Rosses Point Rd. (ca. 3 km nördlich)
Sligo | Tel. 071/911 7100
www.yeatscountryhotel.com

RESTAURANT

Le Montmartre €€–€€€
Kontrapunkt zum rustikalen Idyll: modern
und licht. Französische Küche aus lokalen
Produkten. Reservieren! Di–Sa 17–23 Uhr.

• 1 Market Yard | Sligo
Tel. 071/916 9901
www.montmartrerestaurant.ie

PUBS

Hargadon's
Eine wahre Institution seit 1908.
Inzwischen mit Tapas-Bar.

• 4–5 O'Connell Street | Sligo
Tel. 071/915 3709
www.hargadons.com

McLynn's
Beliebter Musikpub.

• Old Market Street | Sligo
Tel. 071/914 2088

DER NORDEN

Wie vor dem Bug des legendären
Ozeandampfers fühlt man sich am
Titanic-Museum in Belfast

Dramatische Küsten, idyllische Seen und der Giant's Causeway als Höhepunkt bieten unvergessliche Landschaftserlebnisse. Auch die Städte Nordirlands, allen voran Derry und die Hauptstadt Belfast, blühen neu auf.

Bis vor wenigen Jahren mieden die meisten Touristen Nordirland, doch inzwischen kann das ganze Land wieder gefahrlos bereist werden. Zu gewalttätigen Auseinandersetzungen kann es zwar gelegentlich immer noch kommen, doch richten diese sich nicht gegen Touristen und touristische Attraktionen.

Dramatische Felsküsten und schroffe Berge, bewaldete Hügel und labyrinthische Seenlandschaften machen den Norden zum unvergesslichen Erlebnis. Niemand wird am Giant's Causeway vorbeisteuern, aber auch Lough Erne, Castle Coole oder die Stadt Derry könnten zu unvergesslichen Höhepunkten einer Fahrt durch den irischen Norden werden. Angler zieht es an die kleineren und größeren Seen im Landesinneren.

TOUREN IN DER REGION

VON BELFAST ZUM LOUGH NEAGH

ROUTE: Belfast > Mount Stewart > Portaferry > Dundrum Castle > Lough Neagh > Ardboe > Belfast

KARTE: Seite 130
DAUER: 1–2 Tage
PRAKTISCHER HINWEIS:
• Die Fähre von Portaferry aufs Festland verkehrt Mo–Fr 7.45 bis 22.45 Uhr, Sa 8.15–23.15 Uhr, So, Fei 9.45–22.45 Uhr jeweils etwa alle 30 Min.

TOUR-START:
Die Rundfahrt beginnt mit einem Abstecher auf die östlich von **Belfast 1** > S. 132 gelegene ruhige **Ards Peninsula 2** > S. 137, die für ihr mildes Klima bekannt ist. Besonders sehenswert ist der Landsitz **Mount Stewart House** mit herrlichem Garten. Danach geht die Fahrt weiter nach **Portaferry** > S. 137, wo es Übernachtungsmöglichkeiten gibt. Eilige können direkt nach Belfast zurückkehren und die Rundfahrt als Tagestour absolvieren. Alle anderen setzen am zweiten Tag von Portaferry mit der Autofähre nach Strangford über und fahren von dort am Meer entlang oder über Downpatrick zur mächtigen Ruine von **Dundrum Castle** ▌ G3 (Juni bis Sept. Mo 11–16, Di–So 10–17 Uhr,

Eintritt frei). Weiter geht es zum Lough Neagh > S. 137, an dessen Ufern vor allem das Hochkreuz von Ardboe **3** > S. 138 den Besuch lohnt. Über Antrim führt die Tour schließlich zurück nach Belfast.

RUNDTOUR NÖRDLICH VON BELFAST

ROUTE: Belfast > Ballycastle > Giant's Causeway > Portrush/Portstewart > Downhill Estate > Dunluce Castle > Bushmills > Lough Neagh > Belfast

KARTE: Seite 130
DAUER: 3 Tage
PRAKTISCHE HINWEISE:
- Für die ersten beiden Übernachtungen eignen sich die Ferienorte Portrush und Portstewart gut. Von dort ist es nicht weit zu den Sehenswürdigkeiten Dunluce Castle, Bushmills Distillery und Giant's Causeway.
- Ideal sind Portrush und Portstewart als Standorte auch, wenn man die Tour Richtung Derry verlängern will.

TOUR-START:

Diese Rundfahrt führt von der Hauptstadt **Belfast 1** > S. 132 die Küste entlang Richtung Norden bis **Ballycastle 4** > S. 138. Unterwegs passiert man **Carrickfergus** 📕 G2 mit seiner 800 Jahre alten Küstenfestung. Schon kurz vor dem Höhe-

punkt des ersten Tages, dem **Giant's Causeway 5** > S. 138, verlocken die schwankende Hängebrücke von **Carrick-a-rede** 📕 F1 (tgl. 9.30 bis 20 Uhr, www.nationaltrust.org.uk/carrick-a-rede) oder auch der lange Sandstrand von Whitepark Bay zu einem Stopp. Die Badeorte **Portrush und Portstewart 7** > S. 139 laden mit ihren langen Sandstränden zu Spaziergängen ein. Ganz Abgehärtete können sich auch ins kalte Meer wagen. Von Portstewart aus lohnt sich zudem ein Ausflug zum **Downhill Estate 8** > S. 140.

Am zweiten Tag steht ein Besuch des romantisch an einer Klippe gelegenen **Dunluce Castle 9** > S. 140 und der v.a. für Whiskeyfreunde interessanten **Bushmills Distillery 6** > S. 139 auf dem Programm. Die Rückfahrt nach Belfast am dritten Tag führt über den Verkehrsknotenpunkt **Coleraine** 📕 F1 und den großen See **Lough Neagh,** wo sich ein Abstecher zum **Ardboe Cross 3** > S. 138 lohnt.

VON DERRY IN DEN NORDWESTEN

ROUTE: Derry > Malin Head > Grianan of Aileach > Rathmullan > Glenveagh National Park > Donegal > Ulster American Folk Park > Strabane > Derry

KARTE: Seite 130

DAUER: 3 Tage
PRAKTISCHER HINWEIS:
- Auf dieser Fahrt wechselt man von Nordirland in die Republik Irland. Grenzkontrollen sollte es aber trotz des Brexit keine geben. Allerdings bezahlt man in der Republik Irland mit Euro, während man in Nordirland nur Pfund akzeptiert.

TOUR-START:

Diese Tour führt in den entlegenen Nordwesten der irischen Insel.

Am Ausgangsort **Derry** ⑩ › S. 140 wird man noch einmal mit dem politischen Konflikt zwischen Katholiken und Protestanten in Nordirland konfrontiert – die aggressiven »Wall Murals« aus der Zeit der Unruhen sind dort noch immer zu sehen.

TOUREN IM NORDEN

TOUR ⑫

VON BELFAST ZUM LOUGH NEAGH

Belfast › Mt. Stewart › Portaferry › Dundrum Castle › Lough Neagh › Ardboe › Belfast

TOUR ⑬

RUNDTOUR NÖRDLICH VON BELFAST

Belfast › Ballycastle › Giant's Causeway › Portrush/Portstewart › Downhill Estate › Dunluce Castle › Bushmills › Lough Neagh › Belfast

TOUR ⑭

VON DERRY IN DEN NORDWESTEN

Derry › Malin Head › Grianan of Aileach › Rathmullan › Glenveagh National Park › Donegal › Ulster-American Folk Park › Strabane › Derry

Dann aber geht es hinaus in die Natur: man verlässt Derry in Richtung Norden, fährt über die Grenze in die Republik Irland hinein und weiter auf der Halbinsel Inishowen bis **Malin Head** ▮ E1, dem nördlichsten Punkt der ganzen Insel.

An der Strecke zurück Richtung Süden nach **Rathmullan** 23 › S. 147, dem Etappenziel des ersten Tages, liegen das sehenswerte Rundfort

Grianan of Aileach 24 › S. 147 sowie **Letterkenny** › S. 147, die größte Stadt im Nordwesten der Republik Irland.

Der zweite Tag ist dem bei Wanderern äußerst beliebten **Glenveagh National Park** 22 › S. 146 gewidmet, wo man vielleicht einen der hier sehr zahlreichen Rothirsche zu Gesicht bekommt. Entlang der Küste führt die Tour dann nach **Donegal**

> S. 144, das mehrere Übernachtungsmöglichkeiten und in der Umgebung sehr schöne Strände bietet.

Bevor man am dritten Tag nach Derry zurückfährt, lohnt sich ein längerer Besuch im **Ulster-American Folk Park** 13 > S. 142, vor allem, wenn man sich für die irische Auswanderungsgeschichte interessiert. Ebenso lohnend ist ein Besuch in **Strabane** 11 > S. 142, der sich mit einem Ausflug in die **Sperrin Mountains** 12 > S. 142 verbinden lässt.

UNTERWEGS IM NORDEN

BELFAST 1 📖 G3

Die nordirische Hauptstadt ist die einzige echte Industriestadt der irischen Insel und hat mehr Gemeinsamkeiten mit Manchester oder Glasgow als mit Dublin.

Kaum bekannt ist die wunderschöne Lage Belfasts: Im Norden und Westen erstrecken sich Hügelketten, und im Osten der Innenstadt schmiegen sich die Häuser an den Fluss Lagan, der in den Belfast Lough mündet.

Zahlreiche Kneipen und Einkaufsmöglichkeiten locken Besucher an. Der Aufschwung ist durchaus greifbar, doch merkt man der Stadt die Jahrzehnte des Stillstands immer noch an.

AM DONEGALL SQUARE

Der im Stadtzentrum gelegene Platz mit der viktorianischen Prunkarchitektur der **City Hall** Ⓐ 📖 b2 und den ringsum aufgestellten Statuen von Queen Victoria und den Helden ihrer Zeit erinnert an Plätze in Glasgow oder Manchester. Das Rathaus von Belfast (erbaut 1896) kündet vom Selbstbewusstsein der Großbürger, die damals den führenden Industriestaat ihrer Zeit beherrschten. Dieses Selbstbewusstsein spiegelt sich auch in den Innenräumen wider.

Die City Hall wird flankiert von den Versicherungspalästen Scottish Provident Building und Pearl Assurance Building mit ihren extravaganten Fassaden (Ende 19. Jh.).

Wer sich eingehender mit der jüngeren Geschichte der Stadt beschäftigen möchte, sollte die 1788 gegründete **Linen Hall Library** Ⓑ 📖 b2 im Nordwesten des Donegall Square aufsuchen (Gebäude von 1864). Die Bibliothek mit getäfeltem Lesesaal samt Café sammelt u. a. alle Bücher und Zeitungsausschnitte über die »Troubles« (Mo–Fr 9.30 bis 17.30 Uhr, April–Sept. auch Sa bis 16 Uhr, www.linenhall.com).

ZWISCHEN CORNMARKET UND RIVER LAGAN

Nördlich des Donegall Square ist ein ganzes Viertel um den Cornmarket in eine Fußgängerzone umgewandelt worden. **The Entries** heißen die engen Gassen, in denen früher Handwerker ansässig waren.

Heute wird das Bild von den vielen Pubs geprägt, darunter auch Belfasts ältestem, **White's Tavern** in der Winecellar Entry, wo man seit 1630 ein gepflegtes Bier trinkt. Am Nordostende der High Street steht der **Albert Memorial Clock Tower**

🅒 🏛 b2, dessen Unterbau langsam absackt, weshalb der 1865 errichtete Glockenturm nicht mehr betreten werden darf. Beim **Custom House** 🅓 🏛 b2 (1854–1857) mit seiner imposanten Fassade ist der Fluss Lagan erreicht. Ganz in der Nähe des

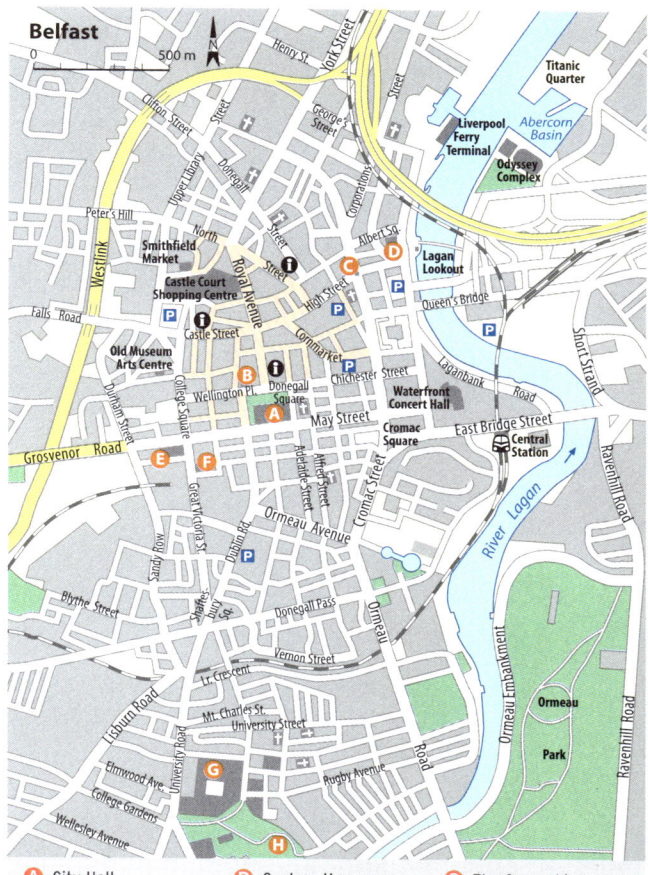

🅐 City Hall
🅑 Linen Hall Library
🅒 Albert Memorial
   Clock Tower
🅓 Custom House
🅔 Titanic Belfast
🅕 Grand Opera House
🅖 The Crown Liquor
   Saloon
🅗 Queen's University
🅘 Botanic Gardens

Lagan Lookout Visitor Centre weist die Monumentalskulptur **Big Fish** von John Kindness auf die Rückkehr der Lachse in den Lagan hin, dessen Wasserqualität in den vergangenen Jahren stetig verbessert wurde.

TITANIC BELFAST ⓔ 🔟 📖 c1

Schon das Gebäude, dessen silberne Außenmauern dem Bug des legendären Ozeandampfers nachempfunden sind, ist eine Sehenswürdigkeit für sich. Das moderne Titanic Museum bietet dann auf vier Stockwerken eine Multivisionsreise in die ersten Jahrzehnte des 20. Jhs. – die Epoche in der die Titanic gebaut wurde. Man erfährt vieles über die damalige politische Situation, über das Leben der Arbeiter, und wie es damals auf einer Schiffswerft zuging. Das Museum befindet sich genau an der Stelle, an der die Titanic einst gebaut wurde. Wenige Schritte entfernt liegt die »SS Nomadic«; sie hatte einst als Schlepper die Titanic aus dem Hafen von Belfast gezogen.

Schon kurz nach der Eröffnung war die Titanic-Ausstellung eine der größten Sehenswürdigkeiten Irlands und wurde 2016 mit dem World Travel Award belohnt. Entsprechend groß ist der Andrang, deshalb sollte man die Tickets im Internet vorausbuchen (6 Queens Road, Tel. 028/9076 6386, Juni, Juli 9–19, Aug. bis 20, April, Mai, Sept. 9 bis 18, sonst 10–17, Uhr, £ 18,50, www.titanicbelfast.com).

Um das Titanic Museum herum ist ein neues Stadtviertel entstanden, das **Titanic Quarter.** Hier findet man neben einer Multifunktions-Sportarena und verschiedenen Filmstudios auch den neuen Campus der technischen Universität sowie einige Hotels.

The Crown Liquor Saloon ist eine Institution in Belfast

GRAND OPERA HOUSE UND THE CROWN LIQUOR SALOON

Entlang dem College Square Richtung Süden, vorbei an viktorianischen Gebäuden, trifft man auf das **Old Museum** 📖 a2, Irlands ältesten Museumszweckbau von 1830, der heute ein Kulturzentrum samt Theater beherbergt. Etwas weiter folgt das **Grand Opera House** ⓕ 📖 a3

aus dem Jahr 1897 mit Zwiebel-
türmchen, in dem Opern, Musicals
und Theaterstücke zu sehen sind
(www.goh.co.uk).

Der meistfotografierte Pub in
Belfast ist sicherlich **The Crown
Liquor Saloon** 🅖 📗 a3 (www.
nicholsonspubs.co.uk). Seine reich
verzierte Fliesen- und Glasfassade
sowie die Inneneinrichtung stehen
unter Denkmalschutz, das Bier
strömt wie eh und je. › mehr S. 18
Punkt 🔢

Ihm gegenüber liegt das **Hotel
Europa,** wo in den 1960er- und
70er-Jahren vor allem Journalisten
übernachteten, die über den Nordirlandkonflikt berichteten. Um sich
in der Presse Geltung zu verschaf-
fen, zündeten protestantische wie
katholische Terroristen ihre Bomben mit Vorliebe hier.

UNIVERSITÄTSVIERTEL

Hinter dem Shaftesbury Square
sollte man kurz vom direkten Weg
nach Süden abbiegen, um sich in
Lower Crescent/Crescent Gardens/
Upper Crescent die klassizistischen
Bürgerhäuser aus der ersten Hälfte
des 19. Jhs. anzusehen.

Das Hauptgebäude der **Queen's
University** 🅗 📗 a/b4 wurde von
Charles Lanyon entworfen, dem Ar-
chitekten, der auch die Linen Hall
Library › S. 132 und das Custom
House › S. 133 erbaute.

Südlich der Uni erstrecken sich
die attraktiven **Botanic Gardens** 🅘
📗 b4, aus deren Grün sich anmutig
die Umrisse des Palmenhauses erheben. Das Gebäude zählt zu den
frühesten Konstruktionen aus ge-
wölbtem Glas und Gusseisen in
Europa (Öffnungszeiten Gärten:

💬 **WALL MURALS** 🔟

Die Zeit der »Troubles«, wie in Nordirland die bürgerkriegsähnlichen Unruhen Mitte der 1960er- bis Ende der 1990er-Jahre genannt werden, ist zwar
vorbei, doch bei einem Spaziergang durch die Wohngebiete in West-Belfast
sind die Spannungen zwischen Katholiken und Protestanten noch heute
greifbar.

Wall murals – riesige Wandgemälde – legen Zeugnis von den damaligen Auseinandersetzungen ab, die mehr als 3500 Menschenleben gekostet haben.
Die Wandbilder der Protestanten in der Shankill Road und ihrer Umgebung
strotzen vor aggressiven Motiven. Kapuzenmänner mit Maschinengewehren
sind in Siegerpose abgebildet, verurteilte Terroristen werden in großen Bil-
dern als Helden verehrt. Im Vergleich dazu wirken die Wandgemälde der Katholiken in der Fall Road fast schon zurückhaltend, aber auch hier ist das
Thema dasselbe: Hass und Aggression gegen die andere Volksgruppe.

Auf bedrückende Weise eindrucksvoll ist die »Belfast's Berlin Wall« am Cu-
par Way, welche die protestantischen von den katholischen Wohngebieten
trennt. Inzwischen steuern die Stadtrundfahrtsbusse auf ihren Routen durch
die nördlichen Viertel (Informationen: www.city-sightseeing.com).

Mitte April–Mitte Aug. tgl. 7.30 bis 21 Uhr, sonst kürzer, Gewächshäuser: April–Sept. 13–17, sonst 13 bis 16 Uhr).

INFOS
Visit Belfast Welcome Centre
- 9 Donegall Square North
  Belfast BT1 5GB
  Tel. 028/9024 6609
  www.visitbelfast.com

VERKEHRSMITTEL
- **Flughafen:** Belfast International Airport, 30 km westlich der Stadt: Flüge nach Kontinentaleuropa und London; Busverbindung ins Zentrum mit dem Airport Express 300 (www.belfastairport.com) Mo–Fr tagsüber alle 15 Min., sonst in größeren Abständen.
- **Bahnverbindungen:** Northern Ireland Railways (www.translink.co.uk; Fahrplaninfo: Tel. 028/9066 6630). Great Victoria Street Station – Stadtbahnhof mit Zubringer zur Central Railway Station, East Bridge St.
- **Metro-Stadtbusse:** Der Hauptknotenpunkt ist am Donegall Sqare West; Fernbusse verkehren ab Oxford Street Bus Station und Great Victoria Street Bus Station.
- **Fähren:** Seacat & Stena Line Ferry Terminal, Donegall Quay, Fähren nach Heysham und Troon (www.directferries.co.uk). Liverpool Terminal, Fähren nach England. Larne, der Hauptfährhafen für Schottland, liegt 30 km nördlich von Belfast.

HOTELS
Dukes at Queens €€€
Modernes Hotel mit 32 schicken Zimmern im Univiertel.

- 65 University Street
  Belfast
  Tel. 028/9023 6666
  www.dukesatqueens.com

Malmaison Belfast €–€€
Modernes, stylisches Hotel in einem historischen Gebäude, nicht weit vom Titanic Quarter.
- 34–38 Victoria Street
  Belfast
  Tel. 028/9600 1405
  www.malmaison.com

Eglantine Guest House €
Sehr freundlich geführtes kleines B&B in einer stiller Seitenstraße.
- 21 Eglantine Avenue
  Tel. 028/9066 7585

RESTAURANTS
Deanes Meat Locker €€€
Gourmetküche aus Frankreich, Italien und Irland. Mittags wird auch ein leichter Lunch für rund 10 £ serviert. So geschl.
- 28–40 Howard Street | Belfast
  Tel. 028/9033 1134
  www.michaeldeane.co.uk

Holohan's Irish Pantry €–€€
Klassische irische Gerichte modern interpretiert, mit vielen vegetarischen Optionen, etwa die typischen *Boxty* (Kartoffeltaschen.
- 43 University Road | Belfast
  Tel. 028/9029 1103
  www.holohanspantry.co.uk

Clements €
Kaffeespezialitäten und Gebäck.
- 4 Donegall Square West (plus etliche weitere Filialen)
  Belfast

PUB

Kelly's Cellars

Bier, Folkmusik und Blues.

- 30/32 Bank St. | Belfast
  Tel. 028/9024 6058
  www.kellyscellars.com

SHOPPING

Nordwestlich der Innenstadt liegt das Einkaufszentrum **Castle Court** und dahinter der **Smithfield Retail Market,** eine Ansammlung kleiner Läden.

ARDS PENINSULA 2 ▮ G3

Die Ards-Halbinsel südöstlich von Belfast verführt zu langen Spaziergängen, z. B. im berühmten Landschaftsgarten von **Mount Stewart,** in dem ein interessant ausgestattetes Herrenhaus aus dem 19. Jh. steht (Gärten: 10–17 Uhr; Haus: 11 bis 17 Uhr, im Winter eingeschränkte Öffnungszeiten; www.nationaltrust. org.uk/mount-stewart).

Sowohl entlang dem Strangford Lough als auch auf der Meerseite bieten sich vielfältige Möglichkeiten für Wassersportler. Und auch Naturliebhaber kommen auf ihre Kosten: Im Naturschutzgebiet **Strangford Lough** lebt die größte irische Seehundkolonie, man sieht aber auch Delfine und Grindwale. An der Südspitze der Halbinsel Ards liegt der gemütliche Segelhafen **Portaferry.**

Im Norden der Ards Peninsula steht die **Ballycopeland Windmill,** die einzige noch intakte Windmühle Irlands (Juli, Aug. tgl. 10 bis 17 Uhr), und in **Greyabbey** kann man die Ruinen einer Zisterzienserabtei aus dem 12. Jh. besichtigen.

INFO

Tourist Information Centre

- The Stables | Castle Street
  Portaferry
  Tel. 028/4272 9882
  www.visitardsandnorthdown.com

HOTELS

Portaferry Hotel €€

14 schmucke Zimmer und ein sehr gutes Restaurant (€€€) mit großem Fisch- und Meeresfrüchteangebot.

- The Strand
  Portaferry
  Tel. 028/4272 8231
  www.portaferryhotel.com

Adair's Bed & Breakfast €–€€

Unauffällige, nette Unterkunft im Ortskern mit großem Familienzimmer. Üppiges Frühstück.

- 22 The Square | Portaferry
  Tel. 028/4272 8412

MOUNTAINS OF MOURNE ▮ F/G3/4

Südwestlich des attraktiven Ferienorts **Newcastle** erheben sich majestätisch die wilden Mountains of Mourne mit anspruchsvollen Wanderwegen.

LOUGH NEAGH UND ARDBOE 3 ▮ F3

Der größte See der Britischen Inseln (400 km²) ist berühmt für seine Aale, die ab Mai von professionellen Fischern täglich zu Tausenden gefangen werden.

Am westlichen Ufer von Lough Neagh steht in den Ruinen der im 6. Jh. begründeten Klosteranlage von **Ardboe** eines der schönsten und besterhaltenen Hochkreuze ganz Irlands. Das im 10. Jh. kunstvoll aus Sandstein gemeißelte **Ardboe Cross** ist über 5 m hoch und mit Darstellungen von 22 Bibelszenen aus dem Alten und Neuen Testament geschmückt. › mehr S. 17 Punkt ❸⓪

BALLYCASTLE 4 📖 F1

In dem kleinen Städtchen an der Nordostküste wird seit 1606 jeweils am letzten Montag und Dienstag im August ein Jahrmarkt abgehalten, die Ould Lammas Fair, die damit zu den ältesten Jahrmärkten Irlands gehört.

Die Einheimischen essen bei dieser Gelegenheit vor allem zwei traditionelle Leckerbissen: das als *yellowman* bekannte harte Sahnekonfekt und den gesalzen zum Essen aus der Hand angebotenen getrockneten Seetang *dulse*.

INFO

Tourist Information Centre
• Marina Visitor Centre | 14 Bayview Road
  Ballycastle
  Tel. 028/2076 2024

GIANT'S CAUSEWAY 5 ⭐12 📖 F1

Etwa 38 000 meist sechseckige dunkle Basaltsäulen pflastern den Weg nach Schottland. Der Sage nach nämlich baute sich in grauer

Basaltsäulen am Giant's Causeway im Norden Irlands

Vorzeit der Riese Fionn MacCumhail (Finn MacCool) aus Sehnsucht nach seiner Angebeteten eine Landbrücke zur Nachbarinsel. Tatsächlich finden sich auf der 130 km entfernten schottischen Insel Staffa ganz ähnliche Formationen.

Von Basaltlava, die vor 60 Mio. Jahren emporschoss, spricht indessen die geologische Erklärung im **Giant's Causeway Visitors Centre** (auch Filmvorführungen, außer in den Weihnachtsferien tgl. 9–19 Uhr, im Winter kürzer, Tel. 028/2073 1855; www.nationaltrust.org.uk/giants-causeway).

Die beeindruckende Anlage, von der UNESCO zum Weltnaturerbe erklärt, befindet sich ca. 1,5 km vom nächsten Parkplatz entfernt und ist von dort nur zu Fuß oder per Zubringerbus (mit Rollstuhllift) erreichbar.

BUSHMILLS 6 🏛 F1

In Bushmills wird in der weltweit ältesten Whiskeybrennerei gleichen Namens seit dem Jahr 1608 offiziell das berühmte »Lebenswasser« hergestellt.

König Jakob I. gewährte damals eine Lizenz für die Herstellung von »Aquavite, Usquabagh und Aqua composite«. Die heutige Technik des Lagerns in Eichenfässern und des Verschneidens wird schon seit ca. 200 Jahren gepflegt. Dass die Hausmarken gleich vor Ort gekostet werden können, versteht sich von selbst (ganzjährig tgl. geöffnet, Tel. 028/2073 3218, www.bushmills.com). › mehr S. 14 Punkt **15**

PORTRUSH UND PORTSTEWART 7 🏛 F1

Die beiden lebhaften Ferienorte eignen sich sehr gut als Standorte für die Erkundung der Region, denn außer Spielhallen und Fish-and-Chips-Buden gibt es hier auch schöne Unterkünfte und Läden sowie weite Strände.

INFO

Tourist Information Centre
• Portrush Town Hall | 2 Kerr Street
  Portrush
  Tel. 028/7082 3333
  www.visitcausewaycoastandglens.com

HOTELS

Strand House €€
Gehobenes B&B mit äußerst geschmackvoll gehaltenen Zimmern. In Stadtrandlage nahe am Meer.
• 105 Strand Road | Portstewart
  Tel. 028/7083 1000
  www.strandguesthouse.com

Anvershiel House €
B&B mit schönen, großen Zimmern, netten Gastgebern und einem Superfrühstück.
• 16 Coleraine Road | Portrush
  Tel. 028/7082 3861
  www.anvershiel.com

RESTAURANT

Ramore €–€€
Ein ganzer Komplex mit Bars und Restaurants, die asiatische, italienische & internationale Küche bieten.
• The Harbour | Portrush
  Tel. 028/7082 4313
  www.ramorerestaurant.com

PUB

Springhill Bar
Pub mit Livemusik.
• 17 Causeway St. | Portrush
  Tel. 028/7082 3361

AUSFLUG ZUM DOWNHILL ESTATE 8 ◧ E/F1

Ein wahres Juwel aristokratischer Exzentrik ist an der Steilküste östlich von Portrush zu besichtigen. Downhill Estate, eine weitläufige Anlage mit verstreuten Ruinen, Denkmälern und Tempelchen, wurde 1774–1788 im Auftrag von Frederick Hervey Graf von Bristol gestaltet, der 1768 Bischof von Derry wurde.

Das Anwesen umfasst zwei reich verzierte Tore (das Bishop's Gate führt zum bewaldeten Park), einen Zier- und Küchengarten, das als Mausoleum bekannte Denkmal für einen Bruder des Grafen, die Ruine des Wohnhauses und den spektakulären kleinen Mussenden Temple auf einem Felsvorsprung über der Küste (Estate ganzjährig zugänglich; Tempel und Bauten Mitte März–Mitte Sept. tgl. 10–17 Uhr, Tel. 028/7084 8728, www.national trust.org.uk/downhill-demesne-and-hezlett-house).

DUNLUCE CASTLE 9 ◧ F1

Wirklich malerisch thront dieses Castle auf steilen Klippen über dem Meer, heute eine eindrucksvolle Ruine. Sie stammt aus dem 16. Jh., obwohl hier schon um 1300 auf den Resten früherer Festungen gebaut wurde (tgl. 10–17 Uhr, www.discovernorthernireland.com).

DERRY 10 ★ ◧ E2

Die zweitgrößte Stadt Nordirlands (rund 100 000 Einw.) liegt nahe der Grenze an der Mündung des Flusses Foyle. Das alte Zentrum auf einem Hügel über dem Fluss umgibt seit Anfang des 17. Jhs. eine Stadtmauer. Ähnlich wie in Belfast sind Derrys Vororte streng nach der Religionszugehörigkeit ihrer Bewohner aufgeteilt.

Den Mittelpunkt des Stadtkerns bildet der großzügige, quadratisch angelegte Hauptplatz **The Diamond**, von dem die **Shipquay Street** steil bergab zum Shipquay Gate am Fluss verläuft, mit einem modernen Einkaufszentrum und Durchgängen zu verwinkelten restaurierten Gassen mit kleinen Läden und Cafés zur Linken.

Die **St. Columb's Cathedral** (London St., 7–17 Uhr) wurde im 17. Jh. erbaut und im 19. Jh. viktorianisch-neugotisch umgestaltet. Sie ist das älteste Gebäude der Stadt und die erste Kathedrale, die nach der Reformation auf den britischen Inseln gebaut wurde.

Das sehenswerte **Tower Museum** beim Shipquay Gate hat sowohl für seine Ausstellungstechnik als auch für die gelungene Gegenüberstellung unterschiedlicher Versionen der Stadtgeschichte mehrere Preise gewonnen (tgl. 10–17.30 Uhr, Tel. 028/7137 2411, www.derrystrabane.com/towermuseum).

INFO

Tourist Information Centre
- 44 Foyle Street | Derry
  Tel. 028/7126 7284
  www.visitderry.com

HOTELS

Beech Hill Country House €€–€€€
Landhaus mit eigenem Park, 27 gut aus-
gestatteten Zimmern und erstklassiger
Küche auf der Basis lokaler Produkte.
- 32 Ardmore Road
  Ardmore (5 km südöstl.)
  Tel. 028/7134 9279
  www.beech-hill.com

Saddler's House €–€€
Viel gepriesenes, charmantes B & B,
nur sieben schmucke Zimmer.
- 36 Great James Street | Derry
  Bogside (nördl. der Altstadt)
  Tel. 028/7126 9691
  www.thesaddlershouse.com

RESTAURANT

Browns Restaurant €€
Gute moderne Küche, lockere Atmosphäre.
So und Mo geschl.

- 1 Bonds Hill | Derry
  Tel. 028/7134 5180
  www.brownsrestaurant.com

SHOPPING

- **Derry Craft Village** (Shipquay St.): nette
  Läden im Gassengewirr, z. B. Derry Crystal und Kunsthandwerk im Irish Shop,
  Originalkostüme und -schuhe vom Irish
  Dancing Shop (www.derrycraftvillage.
  com) oder ausgefallenes Kunsthandwerk, Schmuck und Mode von örtlichen
  Designern bei Number 19 (www.
  number19craftanddesign.com).

NIGHTLIFE

Dungloe
Junges Publikum und gute Atmosphäre bei
Folk, Blues und Rock.
- 41–43 Waterloo Street | Derry
  Tel. 028/7126 7716
  www.thedungloebar.com

Peadar O'Donnell's
Eine eher altmodisch-gemütliche
Bar-Adresse, traditionelle Sessions.
- 63 Waterloo Street | Derry
  Tel. 028/7126 7295 | www.peadars.com

 DERRY ODER LONDONDERRY?

Derry kommt von irisch *Doire* (Eichenhain). Daraus wurde im Jahre 1613 *Londonderry,* nachdem König Jakob I. große Teile des Gebiets den Zünften der
City of London überlassen hatte. Während der erbitterten Auseinandersetzungen der 1960er- bis 1980er-Jahre war der Name der Stadt für alle Partei-
en politisches Programm, was in berühmten Wandbeschriftungen Ausdruck
fand. Bei den Kommunalwahlen 1985 errangen die nationalistische SDLP und
Sinn Féin eine Mehrheit im Stadtrat, und der Name wurde offiziell in Derry
umgewandelt. Um jedoch die protestantische Bevölkerung nicht allzu sehr
vor den Kopf zu stoßen, steht auf Broschüren z. B. des Fremdenverkehrsamts
stets »Derry-Londonderry«. Hinzu kommt, dass die Grafschaft, deren Hauptort Derry ist, nach wie vor Londonderry heißt.

STRABANE UND SPERRIN MTNS.

Die Textilstadt **Strabane** `11` 📖 E2 ist das Tor zu den Sperrin Mountains und bietet sich daher als Standort für Rundfahrten an.

Stolz ist man hier auf seine Kunstgalerien und die große moderne Skulptur mit dem Namen »Let The Dance Begin«. Obwohl v. a. die Herstellung von Leinen an Bedeutung verloren hat, werden hier weiter Hemden und Strumpfhosen produziert.

Im 18. und 19. Jh. war die Stadt auch ein Zentrum des Druckgewerbes mit zeitweise zwei Zeitungen und zehn Druckbetrieben. Besichtigen kann man die noch komplett eingerichtete historische Druckerei Gray's Printing Press (49 Main Street, Strabane, 028/8674 8210).

Unweit der Stadt ragen die tiefgrünen, bewaldeten und bis zu 672 m hohen Hügel der **Sperrin Mountains** `12` 📖 E2 am Norddufer des Flusses Glenelly auf. Bei Spaziergängen, die in höheren Lagen auch durch Moore und Heideflächen führen, trifft man vielleicht auf Prospektoren, die das Geröll der Bäche auswaschen, denn die Sperrins gelten seit frühkeltischer Zeit als goldhaltig.

INFO

Tourist Information Centre
• The Alley Arts & Conference Centre
  1a Railway Street | Strabane
  Tel. 028/7138 4444
  www.strabanedc.com

Sperrins Tourism
• 30 High Street | Moneymore
  Tel. 028/8674 7700
  www.discovernorthernireland.com/sperrins

ULSTER-AMERICAN FOLK PARK `13` 📖 E3

Der Park bei **Omagh** stellt eine gelungene Darstellung des Beitrags von Ulster zur Entwicklung Amerikas dar. Allein von den Unterzeichnern der Unabhängigkeitserklärung stammen fünf aus Ulster. Das Freilichtmuseum versammelt u. a. irische und amerikanische Häuser des 18./19. Jhs. und das originalgroße Modell eines Auswandererschiffs im Aufriss. (März–Juni, Sept. Di–So 10–17, Juli, Aug. tgl., Okt.–Feb. Di bis Fr 10–16, Sa, So 11–16 Uhr, letzter Einlass 90 Min. vor Schließung, www.nmni.com/uafp).

ENNISKILLEN `14` 📖 E3 UND DAS SEENLAND

Mittelpunkt eines der schönsten Feriengebiete abseits der Küste, der Seenlandschaft von Lough Erne, ist Enniskillen. Hier kann man Kabinenkreuzer mieten, die auf dem lang gezogenen Upper Lough Erne und dem Lower Lough Erne ein großartiges Revier haben und über den wieder eröffneten Shannon-Erne Waterway noch viel weiter fahren können ‣ Seitenblick S. 82.

Drei Sehenswürdigkeiten nahe Enniskillen sind von besonderem

Reiz. Im Süden lohnt sich ein Abstecher zum grandiosen Anwesen **Florence Court** 🏛 D4. Dieser palladianische Landsitz entstand Mitte des 18. Jhs. und ist mit aufwendigen Rokokostuckaturen geschmückt (Gärten: tgl. 10–16, März–Okt. bis 19 Uhr; Haus: nur Führungen immer 11–17 Uhr: Juli, Aug. tgl.; Okt., März–Mitte April nur Sa, So; Mai Di geschl.; Sept. Fr geschl.; www.nationaltrust.org.uk/florence-court).

In die kühle anglo-irische Eleganz des ausgehenden 18. Jhs. wird man in **Castle Coole** 🏛 E3 (an der A 4, 3 km südöstl.) versetzt. Das 1790 von James Wyatt entworfene Palais gilt als der gelungenste klassizistische Bau in ganz Irland (Gärten: März–Okt. tgl. 10–19, sonst bis 16 Uhr; im Haus nur Führungen: 11–17 Uhr, Mitte März–Ende Mai, Sept. nur Sa, So, sonst tgl.; www.nationaltrust.org.uk/castle-coole).

Per Ausflugsboot auf dem Lower Lough Erne oder mit der Fähre von Trory Jetty an der N 32 gelangt man nach **Devenish Island** 🏛 E3 mit Kirchen- und Klosterruinen aus dem 12. bis 15. Jh., einem Museum und dem 25 m hohen Rundturm, von dem sich eine herrliche Aussicht bietet (Weitere Infos unter: www.discovernorthernireland.com, dann im Suchfenster »Devenish Island« eingeben).

INFO
Fermanagh Lakeland Tourism
• Enniskillen Castle
  Enniskillen
  Tel. 028/6632 5000
  www.fermanaghlakelands.com

HOTEL
Killyhevlin Hotel €€
Designhotel direkt am See mit 70 individuell gestalteten Zimmern, guter Küche und Spa.
• Killyhevlin | Enniskillen
  Tel. 028/6632 3481 | www.killyhevlin.com

RESTAURANT
The Bush €
Ein moderner Deli bei Tage und ein gemütliches Bistro am Abend. Familienbetrieb der Frühstück, Mittag und Abendessen bietet. Geöffnet ab 8 Uhr.
• 26 Townhall Street | Enniskillen
  Tel. 028/6632 5210
  www.thebushbar.com

SHOPPING
The Buttermarket
Auf dem Gelände des ehemaligen Buttermarkts verkaufen Kunsthandwerker ihre Waren (auch gutes Café).
• Down Street | Enniskillen

AUSFLUG ZUR BOA ISLAND 15 🏛 D3

Boa Island nordwestlich von Enniskillen ist durch eine Brücke mit dem Festland verbunden.

Am Westende der Insel weist ein Schild auf den **Caldragh Cemetery** hin: Im Friedhof am Ufer stehen zwei vorchristliche keltische Statuen, von denen besonders die größere höchst eindrucksvoll ist. Die Standbilder werden oft als »janusköpfig« bezeichnet, weil auf beiden Seiten des herzförmigen Kopfs jeweils ein großäugiges Gesicht eingemeißelt wurde.

BUNDORAN 16 ▮ D3 UND UMGEBUNG

Bundoran ist ein beliebtes Seebad mit Spielhallen, Pommesbuden und dem angeblich saubersten Strand Europas, dem Tullan Strand.

Wenig nördlich davon liegt der geschäftige Marktflecken **Ballyshannon** auf einem Hügel über dem Fluss Erne. **Rossnowlagh** ist beliebt bei Campern und Surfern, die einen Badeurlaub an der Donegal Bay verleben möchten.

HOTEL

Sandhouse Hotel €€–€€€

Das Hotel liegt direkt in den Dünen des weiten Strands. Restaurant mit irischen Spezialitäten, Spa-Bereich.

• Rossnowlagh
  Tel. 071/ 985 1777
  www.sandhouse.ie

DONEGAL 17 ▮ D3

Der Name Donegal bedeutet »Burg der Fremden« und geht auf die Wikinger zurück, die an der Bucht ein Fort errichtet haben. Die größte Sehenswürdigkeit des kleinen Orts ist die Ruine von **Donegal Castle** aus dem 15. Jh. mitten im Zentrum. Auch vom ehemaligen Franziskanerkloster **Donegal Abbey** an der Mündung des Eske-Flusses existieren nur noch Ruinen. Im Kloster wurden um 1630 die *Annals of the four Masters* verfasst, eine umfassende Geschichte des irischen Volkes. Auf dem dreieckigen Marktplatz von Donegal, dem *Diamond,*

erinnert ein Obelisk an die Franziskanermönche, die das Geschichtswerk geschrieben haben.

INFO

Tourist Information Office

• The Quay | Donegal | Tel. 074/972 1148

HOTELS

Harvey's Point €€€

Schön gelegenes, niveauvolles Hotel mit sehr gutem Restaurant.

• am Lough Eske (N 15, dann ausgeschildert)
  Tel. 074/972 2208
  www.harveyspoint.com

Mill Park Hotel €€€

Im Cottagestil errichtetes und geschmackvoll gestaltetes Hotel, idyllisch an der Donegal Bay gelegen. Großzügige Zimmer und Wellnesscenter.

• The Mullins | Tel. 074/972 2880
  www.millparkhotel.com

AUSFLUG ZUM SLIEVE LEAGUE 18 ★ ▮ C3

Am Nordufer der Donegal Bay erstreckt sich einer jener Abschnitte von Irlands Westküste, die zum übermäßigen Gebrauch von Superlativen verleiten.

Die N 56 führt nordwestlich aus Donegal Town durch die Dörfer Mountcharles und Dunkineely. An der Spitze einer schmalen Landzunge steht der Leuchtturm von St. John's Point mitten in der Bucht. Die R 263 führt dann zum bedeutenden Fischereihafen **Killybegs** und weiter an der Küste entlang.

Richtig spektakulär wird es, wenn die bunten, steilen Felsenklippen erreicht sind, die den Südhang des Bergs **Slieve League** (601 m) bilden. Zur schönsten Aussicht sollte man allerdings den Schildern nach Teelin und von dort nach Bunglas folgen, denn der mit »Slieve League« beschilderte Weg führt nur an den Berg. Sehr reizvolle Perspektiven der Küste eröffnet auch eine Bootsfahrt ab Teelin Pier (April–Okt., Tel. 087/ 628 4688, www.sliabhleagueboat trips.com).

GLENCOLUMBKILLE

19 📖 C2/3

Sowohl das Tal als auch das Dorf an seinem Ende tragen den Namen Glencolumbkille, »Tal des Columban«. Der Namensgeber, der später in Schottland missionierte und dort das Kloster von Iona gründete, wurde um 521 in Donegal geboren. Ein Bethaus und andere Gebäudereste sowie einige Kreuzsteine dienen bis heute am 9. Juni, dem Festtag des Heiligen, als Stationen einer nächt-

Die dramatische Küste am Slieve League, irisch Sliabh Liag – was einfach »Steinberg« heißt

lichen Barfußprozession, die um 3 Uhr früh in der Dorfkirche endet.

Im **Folk Village Museum** illustrieren drei unterschiedlich eingerichtete Katen das Leben der örtlichen Bevölkerung vom frühen 18. bis ins 20. Jh. Das 1967 eröffnete Museum verdankt seine Entstehung dem 1987 verstorbenen Priester James McDyer. Er übernahm die Pfarrei in den 1950er-Jahren und war über die damalige Abwanderungsrate von ca. 75 % so entsetzt, dass er diverse erfolgreiche Produktionskooperativen ins Leben rief und Maßnahmen zur Tourismusförderung einleitete, die sich als erfolgreich erwiesen.

ARDARA 20 ▮ D2

Über die Passhöhe von **Glengesh** mit steiler Straße und grandiosen Ausblicken erreicht man Ardara. Hier werden in zahlreichen Läden Tweed und Strickwaren verkauft, außerhalb des Dorfes kann man Werkstätten besuchen.

Das **Ardara Heritage Centre** im einstigen Gerichtsgebäude an der Brücke bietet Informationen zu Flora, Fauna, Geschichte und Folklore der Region; außerdem Webereivorführungen.

DIE KÜSTEN DONEGALS

Die Westküste ist auch bei Urlaubern aus Nordirland beliebt, sodass es hier im Sommer meist recht voll ist. Vom Strand von Naran auf der Landspitze von Dawros Head nördlich von Ardara kann man bei Ebbe zur winzigen Insel **Inishkeel** hinüberwandern, auf der die Reste eines frühchristlichen Klosters zu sehen sind. Immer zerklüfteter wird nun die Küste mit unzähligen vorgelagerten Inselchen, und folgerichtig heißt das Gebiet nördlich von **Dungloe** »The Rosses« (irisch *Na Rosa*), »die Landzungen«.

Von **Burtonport** 21 ▮ D2 verkehrt eine Fähre zur dicht besiedelten »anderen« Insel Aran, auch *Arainn Mhór* bzw. Aranmore genannt.

Bei einer Umrundung der Nordwestecke von Donegal lohnen sich Abstecher zu Stränden und kleinen Häfen, z. B. bei Bunbeg, Bloody Foreland, Falcarragh oder Horn Head mit der schönen Aussicht von den bis zu 180 m hohen Klippen, sowie zu dem hübschen Ferienort **Dunfanaghy.**

GLENVEAGH NATIONAL PARK 22 ▮ D2

Der 1986 eröffnete Nationalpark schließt mit dem **Errigal** (752 m) und dem **Slieve Snaght** (683 m) die beiden höchsten Berge Donegals ein. Naturliebhaber kommen vor allem wegen der rauen Berglandschaft, der Seen, Täler und Wälder hierher.

Am Südufer des **Lough Veagh** thront in einmalig schöner Lage das 1870 von John George Adair erbaute **Glenveagh Castle.** In den liebevoll gepflegten Gärten wachsen viele exotische Pflanzen (Schloss geöffnet tgl. 9–17/18 Uhr nur im Rahmen von Führungen, www.glenveaghnationalpark.ie).

RATHMULLAN `23` ▮ E2

Die tief ins Land eingeschnittene Bucht **Lough Swilly** trennt die beiden Halbinseln Inishowen und Fanad. Auf engen Straßen zur Landspitze von Fanad Head kommt man durch Rathmullan, einen charmanten Ferienort mit historischen Sträßchen und beliebtem Strand.

Nördlich von Rathmullan fährt man hoch über der Küste entlang, bis die Straße in Haarnadelkurven zum Meer hin abfällt und sich fantastische Ausblicke auf einen der schönsten Strände der Region, **Ballymastocker Bay,** eröffnen.

GRIANAN OF AILEACH `24` ▮ E2

Das Rundfort auf einer 230 m hohen Hügelkuppe westlich von Derry eröffnet ein spektakuläres Panorama über Lough Swilly und bis nach Derry. Die Festungsmauer ist von Spuren prähistorischer Erdwälle umgeben, aber der Steinbau selbst stammt wohl aus nachchristlicher Zeit. Dass die Feste heute erstaunlich gut erhalten wirkt, ist einer übereifrigen Restauration um 1870 zu verdanken, die von heutigen Archäologen heftig kritisiert wird.

Eine weitere historische Stätte befindet sich südöstlich von **Letterkenny** ▮ D2, der größten Stadt im Nordwesten der Republik Irland (17 500 Einw.). Ein Stück oberhalb eines Saumpfads bei Raphoe (ausgeschildert) erreicht man einen der eindrucksvollsten Steinkreise der Insel, den **Beltany Stone Circle,** und genießt von dort ein grandioses Panorama.

WUNDERBARE STRÄNDE

• Der Sandstrand von **Wicklow** an der Ostküste erstreckt sich kilometerweit südwärts bis Brittas Bay, ist also ideal für lange Spaziergänge. > S. 78
• Sehr beliebt ist der **Curracloe Strand** nördlich von Wexford, der im Film »Saving Private Ryan« eine Hauptrolle spielte. > S. 79
• Gleich mehrere Topstrände hat die Dingle-Halbinsel, aber keiner ist so weitläufig wie der 19 km lange, von Eichenwald gesäumte **Stradbally Beach.** > S. 107
• Das beliebte Seebad **Bundoran** rühmt sich, Europas saubersten Strand zu haben. > S. 144
• In Donegal gibt es mehr als einen Traumstrand – der vielleicht beste ist **Ballymastocker Bay** bei Rathmullan. > S. 147

EXTRA-TOUREN

Kurvenreich schlängelt sich die
kleine Straße über die grüne Insel

^TO^UR
15

VON DUBLIN IN DEN SÜDEN UND WESTEN IN EINER WOCHE

ROUTE: Dublin › Waterford › Cork › Bantry › Killarney › Ring of Kerry › Cliffs of Moher › Limerick › Dublin

KARTE: Klappe hinten

DISTANZEN: Dublin › Waterford 160 km; Waterford › Cork 125 km; Cork › Bantry 110 km; Bantry › Killarney 85 km; Killarney › Ring of Kerry 175 km; Ring of Kerry › Cliffs of Moher 140 km; Cliffs of Moher › Limerick 80 km; Limerick › Dublin 200 km.

VERKEHRSMITTEL: Auch wenn der Linksverkehr ungewohnt ist und viele Straßen relativ eng und kurvig sind, bietet doch der eigene Wagen oder ein Mietwagen erhebliche Vorteile. Mit öffentlichen Verkehrsmitteln erreicht man nicht alle Sehenswürdigkeiten und braucht wesentlich länger.

Diese Tour bietet in kurzer Zeit viele der Höhepunkte Irlands.

Für die meisten Irlandreisenden ist die Hauptstadt **Dublin** › S. 54 der erste Anlauf- und auch gleich der erste Höhepunkt. Ein Tag ist für die Erkundung Dublins sicher zu wenig, mindestens zwei sollten es schon sein.

Anschließend geht es entlang der Ostküste nach **Waterford** › S. 97. Wer sich einen halben Tag mehr Zeit nehmen kann, sollte einen Abstecher in die **Wicklow Mountains** › S. 77 machen und auf jeden Fall auch die Klosterruinen von **Glendalough** › S. 77 besichtigen.

Die Hauptstraße nach **Cork** › S. 91 und **Bantry** › S. 102 verläuft größtenteils im Landesinneren, doch lohnen sich Abstecher an die Küste, etwa zum **Charles Fort** › S. 99 in Kinsale und nach **Mizen Head** › S. 101, der südwestlichsten Ecke Irlands. Nach der Hafenstadt Cork führt die Tour meist entlang der malerischen, vielfingrigen Küste.

Die Entscheidung, welche der spektakulären Halbinseln Südwestirlands man umrunden möchte, fällt schwer. Die meisten wählen – mit Ausgangspunkt **Killarney** › S. 104 – die **Iveragh Peninsula,** um die herum der **Ring of Kerry** › S. 105 verläuft. Aber auch die Halbinseln **Beara** › S. 103 und **Dingle** › S. 106 haben eine Menge Reize zu bieten.

Dramatisch kommen die ein Stück weiter nördlich gelegenen **Cliffs of Moher** › S. 114 daher, die senkrecht über 200 m ins Meer abbrechen. Über **Limerick** › S. 112, ein gemütliches Städtchen am Shannon, geht es schließlich durchs Landesinnere zurück nach Dublin.

IN EINER WOCHE VON DUBLIN IN DEN NORDEN

ROUTE: Dublin > Belfast > Giant's Causeway > Derry > Donegal > Sligo > Enniskillen > Dublin

KARTE: Klappe hinten
DISTANZEN: **Dublin** > **Belfast** 170 km; **Belfast** > **Giant's Causeway** 100 km; **Giant's Causeway** > **Derry** 70 km; **Derry** > **Donegal** 75 km; **Donegal** > **Sligo** 65 km; **Sligo** > **Enniskillen** 75 km; **Enniskillen** > **Dublin** 145 km.
VERKEHRSMITTEL: uch für diese Tour ist der eigene oder Mietwagen das Fortbewegungsmittel der Wahl.

Von **Dublin** › S. 54, wo man ein bis zwei Tage verbringen sollte, führt die Tour in die nordirische Hauptstadt **Belfast** › S. 132, die wieder ein lohnendes Besuchsziel darstellt. Der **Giant's Causeway** › S. 138, eine rund 60 Mio. Jahre alte Ansammlung von Basaltsäulen an der Nordküste, gehört zweifelsohne zu den beeindruckendsten Touristenzielen Nordirlands.

Bevor man nach **Derry** › S. 140 ins Landesinnere fährt, sollte man sich noch in Ruhe in den kleinen, gemütlichen Küstenorten **Portrush** und **Portstewart** › S. 139 umschauen. Zwischen **Donegal** › S. 144 und **Sligo**

In Form einer irischen Harfe überspannt die Samuel Beckett Bridge in Dublin den Fluss Liffey

> S. 126 fährt man dann wieder ein Stück an der teils wildromantischen Küste entlang. **Enniskillen** > S. 142 im Grenzland zwischen der Republik Irland und Nordirland ist das Zentrum der Seenlandschaft um Lough Erne.

Bevor man nach Dublin zurückkehrt, sollte man die drei Hauptsehenswürdigkeiten der Gegend besichtigen: **Florence Court, Castle Coole** und **Devenish Island** > S. 143.

IRLANDS HÖHEPUNKTE IN ZWEI WOCHEN

> **ROUTE:** Dublin > Cork > Bantry > Killarney > Ring of Kerry > Limerick > Galway > Sligo > Derry > Giant's Causeway > Belfast > Dublin
>
> **KARTE:** Klappe hinten
> **DISTANZEN:** **Dublin** > **Cork** 260 km; **Cork** > **Bantry** 110 km; **Bantry** > **Killarney** 85 km; **Killarney** > **Ring of Kerry** 175 km; **Ring of Kerry** > **Limerick** 110 km; **Limerick** > **Galway** 105 km; **Galway** > **Sligo** 250 km; **Sligo** > **Derry** 150 km; **Derry** > **Giant's Causeway** 70 km; **Giant's Causeway** > **Belfast** 100 km; **Belfast** > **Dublin** 170 km.
> **VERKEHRSMITTEL:** Ab einer Reisedauer von zwei Wochen lohnt es sich unter Umständen, über die Mitnahme des eigenen Pkw nachzudenken.

Von **Dublin** > S. 54 geht es südwärts entlang der Ostküste – mit einem Abstecher in das Wanderparadies **Wicklow Mountains** > S. 77 – in die Hafenstadt **Cork** > S. 91 mit ihrem charmanten Zentrum und weiter nach **Bantry** > S. 102.

In **Killarney** > S. 104 beginnt der **Ring of Kerry** > S. 105, die Rundfahrt um die **Iveragh Peninsula**, die man auf keinen Fall verpassen sollte. Aber auch die anderen Halbinseln im Südwesten sind Abstecher und Umwege wert. An der Westküste warten spektakuläre Abschnitte, etwa die 200 m tief ins Meer abbrechenden **Cliffs of Moher** > S. 114.

In und um **Galway** > S. 117 befindet man sich inmitten des größten Gaeltacht-Gebiets, wo viele Menschen noch Irisch sprechen. Über **Sligo** > S. 126 und **Derry** > S. 140 gelangt man zur Nordküste, wo die Basaltsäulen des **Giant's Causeway** > S. 138 den Höhepunkt bilden.

Nordirlands Hauptstadt **Belfast** > S. 132 hat sich vom Bürgerkrieg erholt, nur die hochpolitischen **Wall Murals** > S. 135 erinnern noch an diese dunkle Zeit. Entlang der Küste – mit einem Abstecher zum Megalithgrab von **Newgrange** > S. 73 – geht es wieder zurück nach Dublin.

INFOS VON A–Z

ÄRZTLICHE VERSORGUNG

Prüfen Sie vor der Abreise, ob Ihre Krankenversicherung in der Republik die Behandlung bei praktischen Ärzten des Health Board und in Krankenhäusern abdeckt. In Nordirland ist die Notfallbehandlung im Rahmen des National Health Service für Touristen kostenlos.

BARRIEREFREIES REISEN

Unterkunftsverzeichnisse bieten www.irelandhotels.com sowie B & B Ireland (www.bandbireland.com). Weitere Infos:
- **National Disability Authority,** 25 Clyde Rd., Dublin 4, Tel. +353(0)1/608 0400, www.nda.ie
- **Disability Action,** Portside Business Park, 189 Airport Rd. West, Belfast BT3 9ED, Tel. +44(0)28/9029 7880, www.disabilityaction.org

DIPLOMATISCHE VERTRETUNGEN

- **Deutsche Botschaft:** 31 Trimleston Ave., Booterstown, Co. Dublin, Tel. 01/269 3011, www.dublin.diplo.de
- **Österreichische Botschaft:** 6 Ailesbury Ct./93 Ailesbury Rd., Dublin 4, Tel. 01/269 4577, www.bmeia.gv.at/oeb-dublin
- **Schweizerische Botschaft:** 6 Ailesbury Rd., Dublin 4, Tel. 01/218 6382/83, www.eda.admin.ch/dublin

ELEKTRIZITÄT

Die Netzspannung beträgt 220/240 Volt. Für die Steckdosen braucht man dreipolige Adapter.

EINREISE

Es genügt ein gültiger Personalausweis (bei Schweizern die nationale Identitätskarte) oder Reisepass. Kinder benötigen ein eigenes Reisedokument.

FEIERTAGE

Neujahr (New Year's Day), 17. März (St. Patrick's Day), Karfreitag (Good Friday), Ostermontag (Easter), 12. Juli (Orange Day, nur in Nordirland), 1. und 2. Weihnachtsfeiertag (Christmas Day und Boxing Day). **Bank Holidays:** *Republik Irland:* erster Mo im Mai, erster Mo im Juni, erster Mo im August, letzter Mo im Oktober; *Nordirland:* letzter Mo im Mai und im August.

GELD

In ganz Irland kann man problemlos mit Kreditkarte zahlen und mit einer Maestro-Bankkarte plus PIN an vielen Geldautomaten Bargeld beziehen.

Landeswährung ist in der Republik Irland der Euro (€), in Nordirland das britische Pfund (£). Viele touristische Einrichtungen in Nordirland akzeptieren den Euro (Wechselgeld in Pfund).

Wechselkurs (Stand Januar 2019)
- 1 € = 0,90 £, 1 CHF = 0,80 £
- 1 £ = 1,11 €/1,25 CHF.

HAUSTIERE

Haustiere können auf Verkehrswegen eingeführt werden, die dem britischen Pets Pilot Project unterstehen (Infos: 0870/241 1710, www.defra.gov.uk). Der EU-Heimtierpass ist nötig, aber nicht ausreichend. Weitere Infos: Tel. +353(0)1/ 607 2000, www.

 BREXIT

Da bei Redaktionsschluss die endgültigen Umstände des Austritts Großbritanniens aus der EU noch nicht bekannt waren, informieren Sie sich zum Zeitpunkt Ihrer Reise bitte über die Einreise- und Zollbestimmungen für Nordirland.

agriculture.gov.ie (Republik); Tel. +44 (0)300/200 7852, www.daera-ni.gov.uk/articles/travelling-pets (Nordirland).

INFORMATIONEN

- **Deutschland: Irland Information Tourism Ireland**
  Gutleutstr. 32, 60329 Frankfurt,
  Tel. 069/66 80 09 50,
  www.ireland.com/de-de
- **Österreich: Tourism Ireland**
  Argentinierstr. 2/4, 1040 Wien,
  Tel. 01/5 69 00 00,
  www.ireland.com/de-at
- **Schweiz: Tourism Ireland**
  Badenerstrasse 15, 8004 Zürich,
  Tel. 044/2 10 41 53,
  www.ireland.com/de-ch
- Die meisten Orte der Insel haben ein Fremdenverkehrsbüro *(Tourist Information),* das zumindest in der Sommersaison geöffnet ist.

NOTRUFNUMMERN

Für Feuerwehr, Notarzt und Polizei gelten auf der ganzen Insel Tel. 112 u. 999.

ÖFFNUNGSZEITEN

- **Banken:** In ganz Irland meist Mo–Fr 9.30/10 bis 17 Uhr; in Nordirland mitunter auch Sa.
- **Geschäfte** sind generell Mo–Sa 9–17.30/18 Uhr geöffnet, Do in größeren Geschäften oft bis 20/21 Uhr. So sind Läden meist 12–17/18 Uhr geöffnet (Nordirland 13–17 Uhr).
- **Pubs:** In der **Republik** Mo–Do 10.30 bis 23.30, Fr, Sa 10.30–0.30, So 12.30 bis 23 Uhr, in **Nordirland** Mo–Sa 11–23, So 12.30–22 Uhr.
- Abweichungen sind möglich, was auch für die Öffnungszeiten von **Museen und Sehenswürdigkeiten** gilt.

RAUCHVERBOT

In ganz Irland gilt in Gaststätten und öffentlichen Gebäuden, Taxis und Zügen ein Rauchverbot. Bei Übertretungen drohen bis zu 3000 € Strafe.

SICHERHEIT

Auch in Irland, v. a. in Dublin, muss man auf Taschendiebstähle und Autoaufbrüche gefasst sein.

TELEFON

Telefonkarten *(phonecards)* gibt es bei Postämtern und in vielen Läden. Handys funktionieren problemlos. **Internationale Vorwahlen:** Deutschland +49, Österreich +43, Schweiz: +41, Republik Irland (auch von Nordirland aus) +353, Nordirland +44 (aus der Republik Irland: 048 plus Teilnehmernummer). Von Großbritannien aus lautet die Vorwahl von Nordirland 028.

TRINKGELD

Taxifahrer erwarten 10–15 % des Rechnungsbetrags, ebenso Bedienungen in Restaurants, sofern auf der Speisekarte *Service not included* steht. Im Pub gibt man kein Trinkgeld.

ZOLL

Für EU-Bürger sind Waren des privaten Bedarfs zollfrei. Schweizer dürfen max. 200 Zigaretten, 1 l Alkoholika über 15 Vol.-% oder 2 l unter 15 Vol.-% und 60 ml Parfüm ein- bzw. ausführen.

💬 URLAUBSKASSE

Republik Irland/Nordirland

• Tasse Kaffee	2,40/2,80 €
• Glas Bier	4,70/3,90 €
• Glas Guinness (pint)	5/4 €
• Cola/Wasser	2,50/2 €
• Sandwich	4/3 €
• Kugel Eis	1,50/1,50 €
• Mietwagen/Tag	
Juni–Aug.	ab 50/25 €
sonstige Zeit	ab 22/22 €
• 1 l Superbenzin	1,50/1,45 €

REGISTER

BILDNACHWEIS

Coverfoto Papageientaucher auf den Skellig Islands, Portmagee, Kerry, Irland © mauritius images/Cultura/ George Karbus Photography

Fotos Umschlagrückseite Shutterstock/Miko, Jan (links); Shutterstock/Helioscribe (Mitte); Ireland Tourism/ Gardiner, Mitchell (rechts)

Alamy/Dagnall, Ian G.: 34/35; Alamy/McCormack, Gareth: 20/21; Alamy/Munday, George: 26; Alamy/Oxford Picture Library: 15; Alamy/RM Floral: 67; Fotolia/ajfan25: 8 u.; Getty Images/Ledent, Christophe: 127; Getty Images/ Moran, Brendan: 30; Getty Images/NurPhoto/Widak, Artur: 48; Glow/EyeUbiquitous: 79; Huber Images/Lawrence: 138; Ireland Tourism/Amiot, Aurelie: 80; Ireland Tourism/Byrne, Gareth: 63; Ireland Tourism/Diederik, Caspar: 6/7; Ireland Tourism/Gardiner, Mitchell: 82; Ireland Tourism/Hill, Chris: 115, 119; Ireland Tourism/ Matthew Woodhouse Photography: 25; Ireland Tourism /Munday, George: 86; Jahreszeiten Verlag/Gräfe & Unzer Verlag/Schardt, Wolfgang: 14; Jahreszeiten Verlag/Klaus Bossemeyer: 32, 121; Jahreszeiten Verlag/Koschel, Philip: 13, 46, 57, 65, 84, 107; Knoller, Rasso/Nowak, Christian: 8 o., 9, 10; laif/Le Figaro Magazine/Goisque, Thomas: 103; laif/REA/Luyssen, Jean Luc: 88; Schapowalow/Fuchs, Wolfgang: 22; Shutterstock/alexilena: 145; Shutterstock/Cenz07: 148; Shutterstock/Dobriban, Melinda: 108; Shutterstock/faithie: 150; Shutterstock/ Helioscribe: 116; Shutterstock/ianmitchinson: 18; Shutterstock/inalex: 76; Shutterstock/Jandi, Attila: 51; Shutterstock/Kosmider, Patryk: 83, 125; Shutterstock/Kruklitis, Ingus: 16/17; Shutterstock/Leclerc, Pierre: 52/53; Shutterstock/Lmspencer: 73; Shutterstock/Miko, Jan: 105; Shutterstock/Ribeiro, D.: 99; Shutterstock/riccar: 134; Shutterstock/Santos, Luis: 87; Shutterstock/Van Massenhove, Claudine: 39; Shutterstock/Verde, Madrugada: 54; Shutterstock/walshphotos: 41; Unsplash/Shannon, Michael: 29; Wikipedia/CC 3.0/oiram: 113.

Liebe Leserin, lieber Leser,
wir freuen uns, dass Sie sich für diesen POLYGLOTT on tour entschieden haben.
Unsere Autorinnen und Autoren sind für Sie unterwegs und recherchieren sehr gründlich,
damit Sie mit aktuellen und zuverlässigen Informationen auf Reisen gehen können.
Dennoch lassen sich Fehler nie ganz ausschließen. Wir bitten Sie um Verständnis, dass der
Verlag dafür keine Haftung übernehmen kann.

Ihre Meinung ist uns wichtig. Bitte schreiben Sie uns:
GRÄFE UND UNZER VERLAG
Postfach 86 03 66, 81630 München, Tel. 0 89 / 419 819 41
www.polyglott.de

LESERSERVICE
polyglott@graefe-und-unzer.de
Tel. 0 800 / 72 37 33 33 (gebührenfrei in D, A, CH), Mo–Do 9–17 Uhr, Fr 9–16 Uhr

1. Auflage 2019

© 2019 GRÄFE UND UNZER VERLAG GmbH, München
Dieses Buch wurde auf chlorfrei gebleichtem Papier gedruckt.
ISBN 978-3-8464-0422-5

Bei Interesse an maßgeschneiderten B2B-Editionen:
gabriella.hoffmann@graefe-und-unzer.de

Bei Interesse an Anzeigen:
KV Kommunalverlag GmbH & Co KG
Tel. 089/928 09 60
info@kommunal-verlag.de

Verlagsleitung: Grit Müller
Verlagsredaktion: Anne-Katrin Scheiter
Autoren: Bernd Müller, Rasso Knoller und Christian Nowak
Redaktion: Martin Waller
Bildredaktion: Katja Oweger
Mini-Dolmetscher: Langenscheidt
Umschlaggestaltung & Layout:
Independent Medien Design, München
Horst Moser (Artdirection), Lucie Heselich
Karten und Pläne: Theiss Heidolph und Kunth Verlag GmbH & Co. KG
Satz: uteweber-grafikdesign
Herstellung: Anna Bäumner, Gloria Schlayer
Druck und Bindung:
Printer Trento, Italien

PEFC/18-31-506

GRÄFE UND UNZER

Ein Unternehmen der
GANSKE VERLAGSGRUPPE

MINI-DOLMETSCHER ENGLISCH

ALLGEMEINES

Guten Morgen.	Good morning. [gud **moh**ning]
Guten Tag. (nachmittags)	Good afternoon. [gud after**nuhn**]
Hallo!	Hello! [**häl**loh]
Wie geht's?	How are you? [hau ah_ju]
Danke, gut.	Fine, thank you. [**fain**, **θänk**_ju]
Ich heiße ...	My name is ... [mai **nehm**_is]
Auf Wiedersehen.	Goodbye. [gud**bai**]
Morgen	morning [**moh**ning]
Nachmittag	afternoon [after**nuhn**]
Abend	evening [**ihw**ning]
Nacht	night [nait]
morgen	tomorrow [tu**morroh**]
heute	today [tu**deh**]
gestern	yesterday [**jester**deh]
Sprechen Sie Deutsch?	Do you speak German? [du_ju spihk **dsehöh**mən]
Wie bitte?	Pardon? [**pahdn**]
Ich verstehe nicht.	I don't understand. [ai **dohnt** ander**ständ**]
Würden Sie das bitte wiederholen?	Would you repeat that please? [wud_ju ri**piht** δät, **plihs**]
bitte	please [**plihs**]
danke	thank you [**θänk**_ju]
was / wer / welcher	what / who / which [wott / huh / witsch]
wo / wohin	where [wäə]
wie / wie viel	how / how much [hau / hau **matsch**]
wann / wie lange	when / how long [wänn / hau **long**]
warum	why [wai]
Wie heißt das?	What is this called? [**wott**_is δis **kohld**]
Wo ist ...?	Where is ...? [**wäər**_is ...]
Können Sie mir helfen?	Can you help me? [kän_ju **hälp**_mi]
ja	yes [jäss]
nein	no [noh]
Entschuldigen Sie.	Excuse me. [iks**kjuhs** miδə]
rechts	on the right [on δə reit]
links	on the left [on δə left]
Gibt es hier eine Touristeninformation?	Is there a tourist information? [is_δər_ə **tuə**rist infəmehschn]
Haben Sie einen Stadtplan?	Do you have a city map? [du_ju häw_ə **δi**ti mäpp]

SHOPPING

Wo gibt es ...?	Where can I find ...? [wäə kən_ai **faind** ...]
Wie viel kostet das?	How much is this? [hau_matsch is_δis]
Das ist zu teuer.	This is too expensive. [δis_is **tuh** iks**pänn**βiw]
Das gefällt mir (nicht).	I like it. / I don't like it. [ai **laik**_it / ai **dohnt laik**_it]
Wo ist eine Bank / ein Geldautomat?	Where is a bank / a cash dispenser? [**wäər**_is ə_**bänk** / _ə **käsch** dis**pänn**ser]
Geben Sie mir 100 g Käse / zwei Kilo ...	Could I have a hundred grams of cheese / two kilograms of ... [kud_ai häw_ə **hann**drəd **grämms**_əw **tschihs** / **tuh kill**əgrämms_əw ...]
Haben Sie deutsche Zeitungen?	Do you have German newspapers? [du_ju häw **dsehöh**mən **njuhs**pehpers]

ESSEN UND TRINKEN

Die Speisekarte, bitte.	The menu please. [δə **männ**ju plihs]
Brot	bread [bräd]
Kaffee	coffee [**koff**i]
Tee	tea [tih]
mit Milch / Zucker	with milk / sugar [wiδ_**milk** / **schugg**er]
Orangensaft	orange juice [**orr**əndseh_dsehuhs]
Mehr Kaffee, bitte.	Some more coffee please. [βəm_moh **koff**i plihs]
Suppe	soup [βuhp]
Fisch	fish [fisch]
Fleisch	meat [miht]
Geflügel	poultry [**pohl**tri]
Beilage	sidedish [**βaid**disch]
vegetarische Gerichte	vegetarian food [wädsehətäriən fud]
Eier	eggs [ägs]
Salat	salad [**βäl**əd]
Dessert	dessert [di**söht**]
Obst	fruit [fruht]
Eis	ice cream [ais **krihm**]
Wein	wine [wain]
weiß / rot / rosé	white / red / rosé [wait / räd / **roh**seh]
Bier	beer [**bi**ə]
Mineralwasser	mineral water [**minn**rəl wohter]
Ich möchte bezahlen.	I would like to pay. [ai_wud **laik**_tə peh]

MEINE ENTDECKUNGEN

....
....
....
....
....
....
....
....
....
....
....
....
....
....
....
....
....
....

Teilen Sie Ihre Entdeckungen auf facebook.com/Polyglottreisewelt.

CHECKLISTE IRLAND

Nur da gewesen oder schon entdeckt?

☐ **POWERSCOURT ESTATE**
Schon das palladianische Herrenhaus ist eine Augenweide und hat oft als Filmkulisse gedient, die weitläufigen Gärten aber sind ein einziger Traum. › S. 76

☐ **RING OF KERRY**
Dass die Rundfahrt auf der Panoramastraße um die Halbinsel Iveragh ein Erlebnis ist, hat sich mittlerweile herumgesprochen. Es gibt aber auch einen Wanderweg … › S. 12

☐ **IRISCHER SPORT**
Wer einmal im Croke Park in Dublin eine Partie Gaelic Football oder Hurling gesehen hat, weiß, was echte Begeisterung ist.
› S. 15, 30

☐ **UISCE BEATHA**
Irland ohne »Lebenswasser« (nichts anderes bedeutet der gälische Ausdruck) ist kaum vorstellbar. Whiskey bekommen Sie überall, und natürlich auch in den Brennereien von Midleton und Bushmills. › S. 14, 99, 139

☐ **MODERNE ARCHITEKTUR IN DUBLINS DOCKLANDS**
Von der Samuel Beckett Bridge (Santiago Calatrava) bis zum Grand Canal Theatre (Daniel Libeskind): Dublins Docks sind ein Schaukasten großartiger moderner Baukunst. › S. 16

☐ **TEMPLE BAR**
Dublins Ausgehmeile ist ein Dordado für Nachtschwärmer und Pub Hopper. › S. 57

☐ **ABTEIRUINEN ENTDECKEN**
Irland hat viele sehenswerte Ruinen. Besonders malerisch ist die des Franziskanerklosters von Moyne im County Mayo. › S. 17

📦 **MITBRINGSEL**

- **Pullover von den Aran-Insel:** Die Wollstrickwaren von der Inselgruppe vor der Westküste halten bei jedem Wetter unvergleichlich warm › S. 17
- **Bodhrán:** Die flache irische Trommel ist ein perfektes Mitbringsel › S. 18